Laufen
Die Innere Dimension

W0471007

A.A.U.

Mike Spino

Laufen
Die Innere Dimension

Der Weg zum bewußten Training
Laufen als Spiel mit dem Körper

mit einer Reportage von Rudi Holzberger

Otto Maier Ravensburg

Herausgeber: Rudi Holzberger

CIP-Kurztitelaufnahme der Deutschen Bibliothek

Spino, Mike:
Laufen – die innere Dimension : d. Weg zum bewussten Training; Laufen als Spiel mit d. Körper / Mike Spino. Mit e. Reportage von Rudi Holzberger. [Aus d. Amerikan. übertr. von Brigitte Strunck]. – Ravensburg : Maier, 1988.
Einheitssacht.: Beyond jogging <dt.>
ISBN 3-473-42642-3

Die amerikanische Originalausgabe trägt den Titel „Beyond Jogging"
Copyright © by Michael P. Spino
Photography right © by Joshua Freiwald und Ernst Fesseler (ab S. 125)

Aus dem Amerikanischen übertragen von Brigitte Strunck
Umschlag: Ekkehard Drechsel
Alle Rechte der deutschen Ausgabe liegen beim Ravensburger Buchverlag Otto Maier GmbH
Gesamtherstellung: Ebner Ulm
Printed in Germany

90 89 88 3 2 1

ISBN 3-473-42642-3

Inhalt

Vorwort

Jogging – ein amerikanisches Zauberwort hat uns mal wieder in Bewegung gebracht. Getrieben von einem wachsenden Gesundheitsbewußtsein haben Zehntausende Menschen auch in der Bundesrepublik zu laufen begonnen. Die einen nur zum Spaß, die anderen für einen Marathon über 42 km im Jahr, die dritten als aktive Leichtathleten. Alle laufen und immer mehr denken auch nach, was sie da eigentlich tun. Warum? Nur wegen der Gesundheit? Oder kann Laufen uns wirklich rauschhafte Zustände bescheren, wie manche behaupten? Macht es einfach nur Spaß, ist es eine Art Spiel? Meditation beim Laufen, abschalten, in sich gehen, all das spielt heute beim Sport ganz allgemein eine größere Rolle.

Ehrgeizig und zäh wie wir Deutschen nun mal sind, brechen wir beim Laufen aber auch schon wieder Grenzen, schinden uns stundenlang – in Hinsicht auf irgendein Ziel, eine Bestzeit vielleicht. Haben wir sie dann erreicht, kommt doch nicht die erwartet große Befriedigung. Wir müssen lernen, wegen des Laufens selbst zu laufen, es nicht als notwendiges Übel für ein Fernziel zu betrachten. Der Weg ist das Ziel heißt das sportliche Motto in der fernöstlichen Sportphilosophie. Hier und jetzt, heute muß es Spaß machen. Tut es das nicht, ist eine Trainingspause vielleicht sinnvoller.

Laufen – auch das müssen wir noch lernen, ist mehr als stumpfsinnig und überlang geradeaus zu rennen. Weniger ist mehr, lehrt uns da Mike Spino. Weniger Stumpfsinn, mehr Methode, mehr Abwechslung. Laufen wie die Tiere, mal langsam, mal schnell, im wechselnden Rhythmus und im Fluß der eigenen Bewegung. Spielerisch laufen, Fahrtspiel statt stundenlangem Training im selben Trott. Dies ist Mike Spinos Credo, diese Trainingslehre können wir als praktischen Effekt aus seinem Buch ziehen. Training für den Körper. Aber Spino bietet auch Training für den Kopf, er bettet Laufen ein in Meditation, er beschreibt die Innere Dimension des Laufens, die bis heute noch kaum entdeckt ist.

In vielen Kulturen ist die tiefe Verbindung von Sport, Philosophie, je sogar Religion seit langem erkannt. In den olympischen Spielen der Antike wurde ja Spiel und Heiligkeit regelrecht zelebriert; in Spielen der Indianer, in den fernöstlichen Kampfsportarten – in alledem steckt viel mehr im Sport. Mike Spinos Buch hilft, auch diese Hintergründe eines sinnvollen Sports neu zu entdecken.

So halbwegs überzeugt von diesem Zugang sind wir ja erst, seit viele Spitzensportler bekennen, wieviel von ihrem Erfolg sie Methoden wie Selbsthypnose oder Meditation verdanken. Mehr und mehr Menschen üben sich im „Psycho-Training", in Übungen für Konzentration, Phantasie, Visualisierung – das ist der „Innere Schwung" im Sport. Mike Spinos Trainingskonzept nimmt diese Methode mit auf – Training für Körper *und* Kopf.

Nach Spinos Plädoyer für kurze, abwechslungsreiche Strekken im Lauftraining mag meine anschließende Reportage über den 100-km-Lauf in Biel (zum Teil veröffentlicht im Magazin „Sports") meine Gedanken über den Langstreckenlauf auf viele wie ein totaler Bruch wirken. Aber dies sind nun mal die beiden Extreme, zwischen denen die Laufbewegung schwankt: die Leichtathlektik mit ihren kurzen, schnellen Läufen und die Langstrecke mit ihren abenteuerlichen Wegen in Grenzbereiche, in manchmal schon mystische Erfahrungen. Beide treffen sich wieder in der Inneren Dimension – die Lust am Laufen bewegt beide. Und sie bewegen sich aufeinander zu: die totale Konfrontation der Tempoläufer mit den „Kilometerfressern" ist passé, beide Schulen haben voneinander gelernt. Moderne Läufer dosieren ihr Training mehr nach Gefühl als nach starren Vorschriften, ehrgeizigen Zielen, und sie wechseln ständig zwischen lockerem Fahrtspiel, scharfen Intervallen und regenerierendem Ausdauertraining, das auch mal zum nächtlichen Erlebnis werden kann wie in Biel. Diese Eckpunkte ein bißchen zu beleuchten, sie näherzubringen, Laufen als eine Angelegenheit zu verstehen, die mehr ist als bloßes körperliches Training, das ist der Sinn dieses Buches. Nicht mehr, aber auch nicht weniger.

Rudi Holzberger

Kapitel 1

Nach einem anderen Rhythmus laufen

In den letzten zehn Jahren haben viele Menschen mit dem Laufen angefangen. Selbst in den Großstädten zählen die Jogger heute zum alltäglichen Bild. Oft halte ich an, um sie zu beobachten. Mich verblüfft, wie viele Menschen Monat für Monat dieselbe Strecke in immer demselben Tempo laufen. Ob sie nun mit kraftvollem Schritt davonziehen oder langsam dahinschlurfen – nur wenige scheinen über den weiteren Sinn ihrer Aktivität nachzudenken. Es scheint mehr eine Pflicht als eine Freude für sie zu sein. Mindestens einem Drittel dieser Läufer wären schnellere Fortschritte und mehr Spaß am Laufen beschieden, wenn ihnen die Vielfalt der Lauftechnik und der Tempovarianten bekannt wäre; durch Techniken wie Visualisierung und vor allem mit Meditation könnten sie außerdem neue Einblicke in ihre Leidenschaft gewinnen. Für mich ist das Laufen ebenso sehr eine Kunstform wie ein Mittel zur körperlichen Ertüchtigung – Training und Ästhetik zugleich. Doch die Kenntnisse, die einem Läufer, der täglich lediglich seine Runden joggt, weiterhelfen könnten, waren zum größten Teil bisher nur wenigen Wettkampfläufern vorbehalten. Meine Absicht ist es, diese Techniken mit jener Geisteshaltung und Selbsterkenntnis zu verbinden, die in der Öffentlichkeit durch die fernöstliche Sportphilosophie, in den USA auch durch neue Gruppen wie die *human potential movement* bekannt gemacht wurden. Eine Synthese der Kräfte von Körper und Geist kann uns auf neue Ebenen kreativer Leistung bringen.

Aus physiologischen Gründen ist abwechslungsreiches Laufen lohnender als das herkömmliche gleichförmige Jogging. Meine Zielsetzung aber geht über das rein Physiologische hinaus: Ich möchte vielmehr helfen, jedem seine eigenen inneren Bedeutungen freizusetzen, und einem Rhythmus zu folgen, den jeder selbst trommelt.

Der Jogging-Fimmel, der Amerika überfiel, rührt zum Teil von dem enormen Erfolg einer Gruppe neuseeländischer Athleten her, die neue Weltrekorde aufstellten, indem sie – nach dem Trainingsprogramm von Arthur Lydiard – das Langstreckenlaufen zum Hauptbestandteil ihres Trainings machten. Dieses Laufen nach Marathon-Vorbild wurde in den Vereinigten Staaten als „LSD", Long Slow Distance, bekannt: lange, langsame Strecken. Auf dem Marathon-Laufen liegt zwar tatsächlich das Schwergewicht von Lydiards Methode, doch liefert sie auch detaillierte Vorschläge für das Bergauf- und Bergablaufen zur Konditionsverbesserung bei hoher Geschwindigkeit sowie ein System für die Wettkampfpraxis. Seine umfassende Philosophie, die er in seinem Buch „Run to the Top" (Laufen mit Lydiard) skizzierte, wird von manchen oft vernachlässigt, die seine Erfolge – Peter Snell, Murray Halberg, Bill Baille und andere stehen dafür – allein mühevollen Läufen durch Neuseelands Landschaft zuschreiben.

Nachdem Lydiard im Auftrag der mexikanischen Regierung die Sportler des Landes für die Olympischen Spiele 1968 vorbereitet hatte, reiste er durch die Vereinigten Staaten, und sein Enthusiasmus war für das Jogging überaus förderlich. Er stellte auch feste Regeln für „LSD" auf, damals eine neue

Form des Sporttrainings. Meinen schnellsten Marathon lief ich mit der Long Slow Running-Methode, aber da hatte ich schon zwölf Jahre Geschwindigkeitstraining hinter mich gebracht, und mein morgendlicher Laufpartner war Bob Deines, der frühere amerikanische Meister über 50 Meilen.

Einer ausschließlichen Anwendung der „LSD"-Methode kann ich mich nicht anschließen, denn ich habe festgestellt, daß die Läufer, die danach verfahren, meist im Rudel laufen und so niemals bedeutsame eigene Erfahrungen machen. Auch scheint mir, daß in einigen Trainingsgruppen die Anfänger zurückfallen und niemals die Chance erhalten, beim Laufen ihre Identität zu finden. Da ist es besser, über kürzere Distanzen im eigenen Rhythmus und im eigenen Stil zu laufen. Auf diese Weise folgst du keinem sturen System, sondern arbeitest auf die Verwirklichung deiner eigenen Möglichkeiten hin.

Meine Laufbesessenheit (ich gebe gern zu, daß ich davon besessen bin) begann im Teenageralter. Ich war ein erstklassiger Läufer auf der High School, lief die Meile in 4:22 Minuten. An der Syracuse University stellte ich Rekorde auf der Meile und der Zweimeilen-Strecke auf. Seither ist Laufen ein Hauptbestandteil meines Lebens. Beim Laufen denke ich, es ist meine Form von Kunst und Kreativität.

Nach dem College-Abschluß studierte ich bei zwei der weltbesten unabhängigen Trainern, beides Autoritäten im Mittel- und Langstreckenlauf. Das waren der Australier Percy Wells Cerutty, den ich den mystischen Renegaten nenne; und bei dem gebürtigen Ungarn Mihaly Igloi, der ins Laufen eine wichtige neue Sprache einbrachte, die half, Techniken zu vermitteln. Ich hatte das Privileg, unter diesen beiden souveränen und etwas exzentrischen Männern zu studieren, und konnte so ihre Methoden mit den Standardübungen der Lauftrainer vergleichen. Die Cerutty- und Igloi-Techniken fand ich dem Training, das ich an der High School und am College genossen hatte, so sehr überlegen, daß ich mich zu dem Versuch entschloß, ihr Wissen auch an andere weiterzugeben.

Ich fand, ihre Methoden könnten in einem Trainingsprogramm verschmelzen, das nicht nur für angehende Rennläufer und über 40jährige Marathonläufer geeignet ist, sondern für Männer und Frauen jeden Alters und jeder Begabung, denen die Bedeutung regelmäßigen Trainings klar ist.

Dieses neue Trainingsprogramm ist in drei Teile gegliedert: 65 Prozent dienen der Verbesserung der Ausdauer, 25 Prozent der Tempo- und Geschwindigkeitsentwicklung, und 10 Prozent sind Widerstandstraining zum Aufbau der Körperkraft. Aerobes Ausdauer-Training gestaltet den Muskeltonus und stärkt, genau wie das Jogging, Herz- und Gefäßsystem. Dafür benutzen wir langsames Tempo und lockeren Stil. Anaerobes Tempo- (oder Geschwindigkeits-)Training soll die Fähigkeit des Körpers vergrößern, sich den Sauerstoff zunutze zu machen. Es wird auch Training der Sauerstoffschuld genannt. Die letzten 10 Prozent des Trainings sollen die Stärke von Muskeln und Knochenapparat ausbauen. Dabei wird der Körper hoher Belastung ausgesetzt – etwa durch Hügel oder Sanddünen gejagt – die ihm vollen Einsatz abverlangen. Ich benutze auch isometrische Dehnungsübungen und Workouts mit leichten und schweren Gewichten.

Beim Anfänger haben diese Maßnahmen Gesundheit und Ausbau der Leistungsfähigkeit zum Zweck. Dem angehenden Champion können die beschriebenen Trainingsmethoden einen Weg zeigen, seine augenblicklichen Fähigkeiten zu übertreffen. Laufen muß deine ureigene Angelegenheit werden. Laufe, wenn möglich, mit einem gleichgesinnten Gefährten, aber lerne es, beim Laufen zu gleiten, zu beschleunigen, gestreckt oder verhalten zu „galoppieren" und doch zu entspannen. Erlebe das fein abgestimmte Atmen. Laufe nach deinem eigenen Rhythmus. Wenn du lieber mit jemandem „LSD" läufst, vergewissere dich, daß du geistig wie physisch

von seiner Persönlichkeit profitieren kannst. Oder besser noch, vergewissere dich, daß er ein paar Gedichte kennt oder singen kann...

Jogging kann schädlich für deine Gesundheit sein

Wenn man körperlich fit werden will, ist Jogging nicht die wirksamste Form des Laufens. Es kann für Geist und Verstand sogar gefährlich werden. Einige Jogger sind auf ihre eigene, ganz besondere Weise in dieser Welt. Diese wenigen – den Zen-Schülern darin ähnlich – mögen durch diesen ständigen langdauernden Trott Zugang zur Selbsterkenntnis gewinnen. Wenn du aber feststellst, daß auch deine Psyche nur durchs Leben zockelt, wenn all dein Laufen nicht mehr als Jogging ist, dann wirst du fit – aber gleichzeitig schwerfällig.

Das mag aus dem Mund eines Lauf-Fanatikers, wie ich einer bin, wie Verrat klingen. Aber eine potentiell wunderbare Ausdrucksform wie das Laufen im Jogging-Trend enden zu sehen, der auf den Wiesen Furchen hinterläßt, ist schmerzlich. Am späten Nachmittag kann man heute überall beobachten, wie Dutzende von Menschen im Gleichschritt und Gänsemarsch durch Parks und Rennbahnovale ziehen. Es ist geradezu so, als würden sie sich von 9 bis 17 Uhr durchboxen und dann mit der gleichen zwanghaften Besessenheit von 17.30 bis 18 Uhr weitermachen. Jogging erinnert mich an die Logik der Routinearbeit: Wenn dieselben Tätigkeiten immer und immer wieder verrichtet werden, suchen wir nach Ablenkungen. Wir fangen an, bis zur nächsten Kaffeepause zu leben, unser Geist verliert seine Frische, Neues oder Spontanes scheint sich nicht zu ereignen.

Jogging ist eindimensional, dieselbe Bewegung wird immerfort wiederholt. Spiel aber bedeutet Abwechslung, seine

Würze sind Veränderung und Vielfältigkeit. Jogging kann wie die Arbeit am Fließband sein. Die tägliche Qual endet für dich vielleicht mit einem unbestimmten Gefühl der Befriedigung und zugleich einer dumpfen Empfindung des Bedauerns.

Mein Beruf als Fitneß-Berater bringt mich mit vielen Menschen zusammen, die ihre Jogging-Distanz von einer auf fünf Runden erhöht haben. An diesem Punkt, wenn nicht schon früher, beginnen viele sich zu langweilen und unter realen oder psychosomatischen Problemen zu leiden. Einige bleiben bei ihren Runden, andere hören auf, verhalten sich ablehnend und betrachten voller Ehrfurcht jene, die durchhalten und mit dem Stumpfsinn fertigwerden, wie es scheint.

Für alle, die dabeibleiben und für jene, die gern anfangen möchten, gibt es gute Nachrichten. Zur Ertüchtigung deines Herzens und deiner Gefäße kannst du mehr tun als joggen: Du kannst laufen. Beim Laufen gibt es eine Vielzahl möglicher Bewegungen – und Freuden. Nicht jeder einzelne Lauf wird dir besondere Erfahrungen vermitteln, aber mit dem richtigen Lehrer oder Laufpartner erhöhen sich deine Chancen, das Laufen von einer Routinehandlung in ein überraschendes körperliches und geistiges Erlebnis zu verwandeln.

Im Frühjahr 1973 richtete das kalifornische Esalen-Institut ein Zentrum zur Erforschung der Möglichkeiten von Sport und menschlicher Weiterentwicklung ein. Ich wurde Mitarbeiter. Michael Murphy, der Gründer und Direktor von Esalen, und ich fanden als Laufpartner und jeweils als Schüler des anderen zueinander. Ich lernte durch Murphy Meditation und östliche Religionen kennen, und er verpflichtete sich zu dem Versuch, die Meile in weniger als 6 Minuten zu laufen. Michael war 43 Jahre alt, war nie in seinem Leben gelaufen, hatte aber einen „jungen" Körper mit, bezogen auf seine Körperstruktur, leichten Knochen. Er besaß die Art von Konzentration, die mit der Meditation einherzugehen scheint.

Durch unsere Gespräche wurde mir allmählich klar, daß Laufen eine Form der Meditation ist und daß einige meiner Erfahrungen beim Laufen jenen ähnlich sind, die in der esoterischen Yoga-Literatur beschrieben werden. Michael erzählte mir von seinem Lehrer, Sri Aurobindo, und von den Möglichkeiten, geistige Energie, die er *Supermind* nennt, in den Körper zu transferieren.

Die Herausforderung, Murphy auf seinen Meilenlauf unter sechs Minuten vorzubereiten, brachte die Kenntnisse wieder zum Vorschein, die ich durch meine Bekanntschaft mit Mihaly Igloi und Percy Wells Cerutty erworben hatte. Aus Iglois Wissensgut brachte ich Michael die Bedeutung des Tempolaufs, die feinen Unterschiede zwischen aerobem und anaerobem Stoffwechsel und den Einsatz kurzer Intervall-Läufe bei. Und ich versuchte, wie Cerutty es lehrte, die Leichtathletik als künstlerische Ausdrucksform anzusehen. Wir experimentierten mit den Fortbewegungsarten Schlendern, Trab, leichter und gestreckter Galopp. (Wir sollten uns ruhig ein wenig an Pferden orientieren.) Drei Monate darauf lief Murphy die Meile in 5:45, 18 Monate später wurde er (bei den über 40jährigen) Dritter bei regionalen Fünfkampfmeisterschaften. Bei dieser Veranstaltung erreichte er über 1500 Meter 4:47 Minuten: das beste Ergebnis aller teilnehmenden Senioren.

Ein ganzes Bündel von Techniken ermöglicht es jedem Läufer, sein Training abwechslungsreich zu gestalten. Anstelle des gleichförmigen Joggings verordne ich dem Anfänger eine Mischformel, die 65 Prozent Ausdauertraining umfaßt, 25 Prozent Geschwindigkeit oder Tempo und eben 10 Prozent „Resistenztraining“. Diese Prozentsätze basieren auf einer Quote aus Zeit, Leistung und Langstreckenläufen. Die Läufe beziehen verschiedene Techniken ein: Der *Chinese Shuffle*, der Schlurfschritt, ist eine Laufart, bei der das Bewußtsein auf die Zone unterhalb der Knie konzentriert und der Fuß mit der Ferse aufgesetzt wird. Ein anderer Lauf, *Fresh Swing Tempo*, sieht so aus: Man hebt die Knie an und schreitet in kreisförmiger Bewegung mit 20- bis 40prozentiger Leistung aus. Es gibt auch die Variante, 20 Meter weit voranzupreschen, dabei Daumen und Zeigefinger zusammenzupressen, im Kehlkopf einen „Bing"-Laut zu erzeugen, und den Körper so vorwärtszutreiben.

Was ich da „treibe", kann man nicht *Jogging* nennen. Es ist eine Art des *Laufens*, bei der Sinn und Gefühl für das Mögliche erweckt werden. Der Geist manifestiert sich dabei auf vielerlei Weise, manchmal planvoll, manchmal ganz spontan. Beispielsweise laufe ich oft am Strand entlang. So was kann man tausendmal absolvieren, ohne je die gleichen Erfahrungen zu machen. Auf halber Strecke der Viermeilen-Distanz stoppe ich auf einer Klippe über dem Meer und halte nach Zeichen Ausschau. Welches Schiff auf hoher See, welche Ozeanfärbung, welcher Gezeitenstand wird mir die Bedeutung des Tages anzeigen? Oft lege ich die vier Meilen im „Fahrtspiel" zurück, im *fartlek*, wie es die Schweden nennen. Ich variiere Gangart und Geschwindigkeit, verzögere oder verschärfe das Tempo, und kann so meinen Stoffwechsel verändern und meine Stimmung wechseln. Beim Weiterlaufen verstumme ich und ändere meine Geschwindigkeit, gerade wie mich der Schwung packt. In der Dämmerung oder an einem frühen Herbsttag rührt mich mein Lauf manchmal fast zu Tränen.

Die Innenwelt, die der Geist bei dieser Art des Laufens erlebt, ist der Meditation sehr nahe. Wenn du fit wirst, hat dein Geist größere Möglichkeiten, sich zu „erweitern", frei zu werden für neue Gedanken. Ich experimentiere mit bewußter Meditation beim Laufen, indem ich meine eigenen Gedanken „betrachte". In dieser Weise meditiere ich etwa 5 Minuten und laufe dann 15 Minuten lang. Diesen Prozeß könnte ich drei- oder viermal wiederholen und dabei immer tiefer in mein Bewußtsein vordringen, während ich gleichzeitig den Körper zu verlassen scheine. Einmal trat ich während eines Laufes eine Reise an, die mit der Erinnerung an Geräusche und Gerüche im Haus meines Großvaters begann und bei der Empfindung, meinen Körper von einer höheren Warte aus zu beobachten, endete. Mein Hauptziel ist es jedoch, unsere Grenzen auszutesten, wobei mir Laufen als ein Weg zur Selbsterkenntnis dient. Die Suche nach dem Geist im Körper hat ja gerade erst angefangen.

KEN

Kapitel 2

Training des Wettkampfsportlers

„Beobachte wie Kinder laufen
und tue es ihnen nach."
Percy Wells Cerutty

Percy Wells Cerutty

In den fünziger Jahren war Percy Wells Cerutty die wohl aufregendste Persönlichkeit, die in der Welt des Laufens auftauchte. Während die meisten amerikanischen und europäischen Trainer Pläne austüftelten, wie die Vierminutenmeile zu durchbrechen wäre, trieb Cerutty seine Läufer Sanddünen hinauf, ließ sie barfuß am Strand laufen (wie er es selbst tat) und inspirierende Musik hören (wie er es tat). Für diesen Neuling auf dem Gebiet des Wettkampfrennens war der Sport ein Verströmen, ein Sicheinbringen. Kein anderer Lehrer vor ihm hatte das Laufen je mit mystischen Worten beschrieben. Zunächst wurde er verspottet, dann aber bewundert, als seine Athleten 30 Weltrekorde aufstellten.

Viele der Zitate in diesem Kapitel stammen aus einer kleinen Broschüre, „Running with Cerutty", 1959 von Track and Field News veröffentlicht. Sämtliche schriftlichen Werke Ceruttys sind vergriffen, und diese Broschüre ist so etwas wie ein Sammlerstück, das ein Laufkamerad an mich weitergab.

Cerutty war eine Schlüsselfigur beim Kampf um die erste Vierminutenmeile. Er betreute John Landy und begleitete später Herb Elliott durch dessen sagenhafte Karriere. Dave Stephens und Albert Thomas motivierte er zu Weltrekorden. Unter seinem Einfluß rückte Australien vom – in sportlicher Hinsicht – Entwicklungsland zum internationalen Leader auf dem Gebiet des Langstreckenrennens auf. Er war ein Pionier. Und er begann bei sich selbst.

Vor 40 Jahren verwandelte sich Cerutty, damals ein kränklicher 43jähriger, in einen drahtigen, vitalen Sporttrainer. Er brachte eine ganz neue Gedankenwelt in den Trainingsablauf. Ursprünglich ein Denker, der die Bewegungen der Körpers beobachtete, konnte er auch gut motivieren. Seine Motivation war die neue Freiheit, die er dem Laufen gab. Als sein Ruhm größer wurde, geriet sein Trainingslager in Portsea, Australien, zur Pilgerstation für angehende Champions.

Wer immer noch im Glauben verankert war, daß ein Sportler jeden Tag mit voller Kraft bis zur Erschöpfung rennen sollte, dem mußten Ceruttys Gedanken höchst revolutionär erscheinen. „Beim Laufen sollte nichts verboten, reglementiert, formalisiert, festgelegt oder vorgeschrieben sein", formulierte er einmal. Seine Einsicht rührte aus der Beobachtung des mühelosen Laufens von Kindern und Tieren. Er analysierte die Art und Weise, wie sich der Körper beim Laufen bewegt, und kam zu der Überzeugung, daß für höchste sportliche Leistung die Stärke des Oberkörpers entscheidend sei. Und er hatte noch einen sonderbaren Gedanken, daß nämlich Laufen in den Händen und Fingern beginnt.

„Ich glaube, daß die fixierten, unbeweglichen Ellbogen und die schwingenden Schultern die beiden meistverbreiteten Fehler beim Laufen sind. Benutzen wir Arme und Hände wie es sein soll, würden sie die Schwünge einleiten, die Tempo und Leistung variieren", sagte er. „Das Bewußtsein sollte zum Oberkörper gelenkt werden, zu Rücken, Armen und

Fingern, und der Schwung in diesen Körperteilen eingeleitet werden, die Beine folgen dann nach. Daraus ergibt sich: Wenn die Bewegungen oberhalb der Hüfte nicht perfekt sind, können wir keine perfekten Bewegungen von Beinen und Füßen erwarten."

Obwohl es schon über 20 Jahre her ist, daß Cerutty seine Weltrekordler nach dieser Philosophie trainierte, haben es die meisten Trainer und Sportlehrer bis zum heutigen Tag nicht geschafft, dermaßen fortschrittliche Gedanken in ihr Training einzubauen. Auch wenn über Trainingssysteme, was zurückzulegende Strecken und Geschwindigkeitsverbesserung betrifft, Bände vollgeschrieben worden sind, konnte man wenig über die Bewegungen des Körpers beim Laufen lesen.

Cerutty war auch der erste, der die Fußarbeit beim Laufen unter die Lupe nahm. Möglicherweise weil er barfuß über die Strände von Portsea lief und ganz deutlich spüren konnte, wie der Fuß naturgemäß auftrifft, lehnte er die damals weitverbreitete Methode ab, Bodenkontakt zunächst mit dem Fußballen herzustellen, und dann auf die Ferse abzurollen. „Der äußere Fußrand hat zuerst Kontakt, und der mittlere Rand sinkt in einer von der Natur vorgegebenen Bewegung nieder, die eine Erschütterung vermeidet", beobachtete er. Wenn der Fuß den Boden verläßt, treten die Zehen in Aktion und greifen mit ihren kleinen Polstern. Die Filmkamera zeigt uns, daß der Fuß sich dem Boden mit aufgestellten Zehen nähert, als ob er auf der Ferse landen wollte. In ganz langsamer Zeitlupe erkennt man das als die sanfte Bewegung eines langsamen Gleitens der ganzen Fußaußenseite zur Innenseite, einschließlich einer Bremsbewegung, die der ganz ähnlich ist, mit der wir auf eine Münze treten, die in den Rinnstein zu rollen droht.

Ceruttys lebenslange scharfe Beobachtungen erwiesen sich als nützlich für seine Arbeit als Trainer. Sein völlig neuartiges

Konzept, die Schrittsequenzen für Läufer zu variieren, geht auf seine bei Pferden und in Pferdeställen verbrachte Kindheit zurück. Für sein Training adaptierte er die Bewegungen der Tiere. Weitere fruchtbare Ideen kamen durch die Beobachtung des unglaublichen Durchhaltevermögens und der Schrittweite der australischen Aborigines hinzu.

Atmung

„Tide-Atmung" ist eine weitere von Percys Erfindungen. Durch einen Rhythmus, bei dem Ein- und Ausatmen den Wellen des Ozeans entsprechen, waren seine Läufer in der Lage, in der Bewegung sowohl zu beschleunigen als auch auszuruhen. Wenn Luft in den Körper einströmt, ist der Schwung unterbrochen; beim Ausatmen wird die Luft vom Unterleib ausgestoßen und mit einem Kehlkopflaut entlassen. Arme und Hände bewegen sich mit der Tide-Bewegung auf und ab, gewähren sich abwechselnd Ruhepause und Schwung, Ruhepause und Schwung.

Andere Cerutty-Theorien haben mehrere Entwicklungsstufen durchgemacht, etwa seine Überlegungen zu Armhaltung und Laufstil. Erst 1959, als Herb Elliott durch die Vereinigten Staaten reiste, bat man seinen Mentor, einmal seine Gedanken über die Oberkörperhaltung beim Laufen zusammenzufassen. Cerutty formulierte damals seine Thesen folgendermaßen:

1. *Beim Warmlaufen hinunterstoßen.* Die Arme werden energisch hinuntergestoßen, so als wollten sie den Körper hochdrücken. Diese Bewegung garantiert, daß der Körper gut eingestimmt ist, bevor das harte Laufen beginnt.

2. *Wegwerfen und aufsammeln.* Diese Bewegung, nötig zur Erholung oder als Pause (besonders bei der Vorbereitung

auf schnelle Läufe oder beim Aufwärmen), wird ausgeführt, als würde etwas getragen, weggeworfen und wieder aufgelesen. Mit einem Jo-Jo kann man das gut veranschaulichen. Diese Bewegung bereitet den Geist darauf vor, die Bürde oder Last der bevorstehenden großen Anstrengung abzuwehren.

3. *Geringer Druck und voller Schwung.* Das ist die normale schwungvolle Armbewegung guter Sprinter bei schnellem Lauf. Arme und Hände beginnen auf einer Linie parallel zur Seitennaht der Laufshorts. Dabei ist der herabhängende Arm fast gestreckt. Dann werden die Arme kräftig nach oben und außen bis zu einem Punkt herübergeworfen, der auf einer gedachten Linie zwischen Rumpfmitte und Mund liegt.

4. *Die Kraul-Bewegung.* Eine natürliche und frühe Art der Bewegung, die dem Krabbeln von Kleinkindern entspricht oder dem einfachen Kraulen im „Hunde-Freistil". Diese früheste aller Bewegungen wird wenig benutzt.

5. *Die Ruheposition.* Die Arme bleiben fast bewegungslos hoch über der Brust; so „rollt" der Körper ein paar Schritte „im Leerlauf", bis die Arme herunterfallen und der Schwung wiederaufgenommen wird.

In späteren Jahren stilisierte Cerutty seine Lehrmethode dahingehend, daß er die Ausdrücke für Pferdegangarten übernahm. Diese Grundbewegungen nannte er: Stretch, Paßgang (amble), Trab (trot), leichter Galopp (canter) und gestreckter Galopp (gallop). Der Paßgang lockert den Oberkörper, befreit die Schultern. Der Trab ist ein bißchen schneller. Leichter Galopp ist asymmetrisch, mit Schritten unterschiedlicher Länge. Gestreckter Galopp ist im Bewegungsablauf dem leichten Galopp gleich, wird aber mit mehr Kraft und weiter ausholenden Armbewegungen ausgeführt. Cerutty behauptete, daß die Bewegung den natürlichen Energien des Körpers entspräche und daß diese stilisierte Formel einem Menschen erlaube, im Wettkampf mit der gleichen Freiheit zu laufen, wie es die Primitiven Australiens taten.

1974, als Cerutty sich zu einer Reihe von Workshops und Vorträgen, die das Esalen Sports Center gesponsert hatte, in den Vereinigten Staaten aufhielt, skizzierte er die grundlegenden Lehrsätze der „Full Lung Aeration", FLA (Sauerstoffsättigung mit voller Lungenatmung) und der natürlicheren, tierähnlichen Bewegungen. Sie erscheinen hier zum ersten Mal in schriftlicher Form:

1. Sage zu dir: „Schultern", und hebe die Schultern an, so daß die Luft unter atmosphärischem Druck in die Lungen kommt.

2. Stoße die Luft schnell aus, indem du einen Arm, sobald er vorausgreift, hinunterwirfst. Der Körper aber darf nicht heruntersinken, nur die Arme werden vor- und hinabgeworfen.

3. Das Ausatmen sollte ein natürlicher Laut begleiten. Dieser im Kehlkopf erzeugte Laut bestätigt das Ausstoßen der Luft und beseitigt alle Verspannungen des Körpers, da der Kehldeckel der Spannungsknoten ist. Kein Muskel kann sich so schnell bewegen wie er sollte, wenn aus der Kehle kein Laut kommt.

4. Gib acht, daß der Kopf weder hinten auf den Schultern liegt, noch vorgereckt ist.

Weil Cerutty glaubte, daß auf die Körperstärke zu wenig und auf die Kraft in den Beinen zu viel Wert gelegt würde, unterstrich er das Kraft- oder Resistenz-Training. Kraft-Training, sagte er, befähigt den Sportler, seine Konzentration von den Beinen fortzulenken, die dem Rumpf mit seinen „übergeordneten" Organen „untergeordnet" sind.

„Ich bin davon überzeugt", sagte er mir, „daß in Zukunft Laufen allein niemals die Lösung für bessere Leistungen sein kann. Kraft, *vermehrte* Kraft, die in der Turnhalle, mit Hanteln, in Sanddünen, an Steilhängen, auf Rasen, Straße oder in den Treppenhäusern der Städte erworben wurde, ist notwendig, um dem Training auch Widerstandskraft hinzuzufügen."

„Ein gewisses Ausmaß an stetiger, fortgesetzter Anstrengung ist vonnöten, um das Herz zu stärken und gute Sauerstoffschuld zu erwerben. Widerstandskraft aber, das heißt: die Muskulatur gegen einen Widerstand einer Reihe von Anstrengungen unterwerfen, ist ein beim Sporttraining oft übersehenes Erfordernis."

Cerutty, der 1975 im Alter von 80 Jahren starb, trieb sowohl Gewichtstraining als auch Langstreckenlauf und brachte es dabei zu beachtlichen sportlichen Leistungen. Im Alter von 51 Jahren lief er 100 Meilen in 24 Stunden und war Marathon-Meister von Victoria. Mit 65 gab er in Melbourne Vorführungen im Gewichtheben. Seinen Erfolg führte er auf die Kombination von Widerstands-Training und Langstreckenlauf zurück.

Beim Widerstands-Training kann man nur weiterkommen, wenn der Widerstand immer weiter erhöht wird, entsprechend den Fortschritten, die man macht. Aus diesem Grund riet er vom Gebrauch leichter Gewichte, wie sie Bodybuilder benutzen, ab, da sie – wie er behauptete – nur den Körperumfang steigern, nicht aber die Kraft. Er bevorzugte Gewichte, die er ohne übermäßige Anstrengung sechsmal heben konnte, zehnmal aber nur mit Mühe oder gar nicht. Mit einer Ausnahme: der „Dead Lift" mit einem Gewicht, das mindestens 20mal gehoben werden kann, nicht aber 30mal.

Cerutty empfahl die regelmäßige Ausführung folgender Übungen:

1. Das Reißen mit einem Gewicht von einem Drittel des Körpergewichts. 10 Wiederholungen.

2. Die Ruderbewegung, 6–10 Wiederholungen, drei Wiederholungssätze bis 18 bzw. 30 Bewegungen insgesamt.

3. Das Drücken, den Curl (Vorder- und Rückseite) und das einarmige Schwingen, jeweils 6–10 Wiederholungen zu drei Sätzen, 18 bis 30 Bewegungen insgesamt.

4. Der Dead Lift, 20–30 Wiederholungen, drei Sätze.

Cerutty baute Stärke außerdem auf durch Bergauflaufen, Ringen, Klimmzüge, Liegestütze und dem Aufrichten aus der Rückenlage am Boden.

Wie man Kraft entwickelt

„Kraft für den ganzen Organismus: Kraft in Herz-Lunge-Drüsen-Muskeln-Geist" – so lautet die Philosophie, nach der Cerutty seine Schützlinge leitete. Ein Teil seines Genies war, daß er Laufen und andere sportliche Leistung nicht einfach als bloßen Zeitvertreib ansah. Er ermutigte seine Studenten, all ihre mentalen Kräfte in die gewählte Sportart einzubringen. Er drang ein in die Psyche seiner Athleten, indem er angeborene Geisteskraft und Willen mit der angeborenen animalischen Fähigkeit zu laufen koppelte. Diese Kombination resultierte in Techniken, die seine Studenten über das Normalmaß hinaushoben.

Herb Elliott, Ceruttys vollendetster Schüler, sagte, daß 90 Prozent dessen, was er von Cerutty gelernt hatte, nichts mit Technik oder physikalischen Lehrsätzen zu tun hätten. In Portsea gibt es einen Tresorraum, in dem Percy gewisse Schriftstücke aufbewahrte, sie für den Tag aufhob, an dem sein Sportler für eine überragende Leistung einen besonderen Auftrieb benötigte. Cerutty holte sie erst kurz vor dem Ereignis hervor. Sie handelten vom Ursprung des Universums, vom Platz des Menschen bei der Evolution der Arten und von der Notwendigkeit einer Revolution des Lebensstils, wenn die Welt überleben wollte. Am Morgen vor einem größeren Sportereignis brachte Cerutty seinen Schüler zu einem Park nahe dem Stadiongelände, und während der Sportler lief, vollzog Cerutty in der Nähe das Ritual, selbst bis zur Erschöpfung zu laufen. Es heißt, daß er, als ihm nach einer solch strapaziösen Session der Schaum vor den Mund trat, zu seinem Athleten sagte: „Du wirst heute vielleicht schneller rennen, aber Du wirst es nicht schwerer haben."

Mit diesem Ritual, glaubte Cerutty, würde der Sportler in den für seine spätere Leistung im Stadion richtigen geistigen Zustand gelangen. Von diesem Zeitpunkt an bis zum Rennen durfte niemand mehr mit dem Athleten sprechen. Er durfte schlafen oder sich mit einer leichten Lektüre befassen; geriet aber zufällig ein Reporter oder Fotograf in seine Nähe, bekam der es mit Cerutty zu tun. Sogar neben der Laufbahn ruhte sich der Athlet bis zum Aufruf für den Lauf aus. Dann wurde er von Cerutty zur Startlinie gewunken und war nun auf sich gestellt, seine beste Leistung zu zeigen.

Ein Wort zur Ernährung

Zu Zeiten, als die Ernährungswissenschaft noch in den Kinderschuhen steckte, war Cerutty der Meinung, daß eine richtige Diät die sportliche Leistung beeinflussen könnte. In seinem recht ungewöhnlichen Stil schrieb er: „Ich schätze die Nahrung, die dem menschlichen Organismus zugeführt wird, überaus hoch ein. Ich stelle sie über das Training (die Übung)."

Ihn selbst konnte man den Lacto-Vegetariern zuordnen. Ihm war bekannt, daß zu langes Kochen das „Lebens-Prinzip", wie er es nannte, in der Nahrung eliminierte und sie in „totes Essen" verwandelte. Er hielt dagegen „harte" Nahrung für die beste: rohe Haferflocken mit getrockneten Früchten wie Rosinen und Nüssen, Walnüssen und Bananen. In seinem Trainingscamp in Portsea servierte er das „richtige Essen", zum Beispiel dünn geschnittene, in Pflanzenöl gebratene Kartoffeln, gebackene Bohnen, leicht pochierte Eier, Fisch, Vollkornbrot mit Erdnußbutter, Sirup, Honig und Marmelade. Weißen Zucker, Mehl und Butter mied er, ebenso wie Tee und überhaupt Getränke zu den Mahlzeiten.

Ein in Portsea übliches Mittagessen bestand aus dem „kompletten Salat", der an jedem Tag des Jahres mittags auf den Tisch kam; die Bestandteile waren: Früchte, Gemüse, Dosenfisch, Zunge, milder Käse und hartgekochte Eier mit einem Dressing aus Öl und Zitrone. Dazu gab es Vollkornbrot.

Das Abendessen war genauso gesund und bestand üblicherweise aus einer dicken Suppe (Fleischbrühe von der Haxe mit Gerste war ein Leibgericht), gefolgt von gedämpftem oder gebackenem Fisch oder Geflügel, in Öl gebratenen Kartoffelscheiben und fein gedünstetem Gemüse der Jahreszeit.

Die Tabus, die sich im Laufe der Jahre an Ceruttys Tisch herausschälten, waren ziemlich einfach und nach heutigen Maßstäben weder dogmatisch noch kultisch. Tabu waren tierische Fette in jeder Form, Butter oder Schweineschmalz wurden durch pflanzliche Öle ersetzt. Nicht erlaubt waren Kuchen und Kekse als Zwischenmahlzeiten. Zu den Mahlzeiten wurden zwar keine Getränke konsumiert, aber zwei Stunden nach dem Essen und bis zur nächsten Mahlzeit durfte man so viel trinken, wie man wollte. Alkohol war nur in Maßen zugelassen, Tabak war verboten. Und Cerutty baute auf die zusätzliche Einnahme von Vitamin B, C und E.

Obwohl Cerutty ganz feste Vorstellungen von Ernährung und Training besaß, war er im Grunde nicht autoritär – im Gegensatz zu Igloi. Diese Haltung erklärt, wie ich meine, seinen Erfolg als Coach von Olympiasiegern und Weltrekordlern. „Ich lehre den Sportler, sich auf sich selbst zu verlassen, seine eigenen Programme anzulegen und so schnell wie möglich ein geistig und körperlich leistungsfähiger Organismus zu werden", sagte er. Er hatte nicht, wie andere Betreuer das väterliche Bedürfnis, seine Schüler von sich abhängig zu machen.

Während Igloi, den wir als nächsten kennenlernen werden, sich an feste Programme hielt, war es Ceruttys Ziel, den Sportlern die Grundlagen der Fitneß zu vermitteln. Er lehrte Stil und innovative Arten, sich dem Laufen zu nähern. Als erster unterstrich er die Bedeutung von Erkenntnis und Bewußtsein des eigenen Selbst im Sport: „Ein Läufer muß nach innen denken. Wie ein Tänzer, der komplizierte Schrittfolgen lernt, muß er zunächst sich selbst studieren, auf seine eigenen Bewegungen hinuntersehen, sich selbst in Spiegeln kontrollieren."

Ein absolutes philosophisches System gab es nicht: Vielmehr vertraute Cerutty auf Konzepte, denen seine eigenen Beobachtungen und Erfahrungen zugrunde lagen, und die er an uns Stückchen für Stückchen weitergab, während wir über Sanddünen und Strände liefen. In dieser Hinsicht war er eine erstklassige Triebkraft, ein Motivierer. Bill Emmerton, der mehr registrierte Meilen gelaufen ist als jemals sonst ein Mensch, und Albert Thomas zufolge, dem früheren Weltrekordhalter auf der Zwei-Meilen-Strecke, lag Percys große Begabung darin, motivieren und inspirieren zu können.

Während herkömmlicher Sportunterricht nichts dazu beiträgt, geschlossene Persönlichkeiten hervorzubringen (denkt man nur an die große Zahl von Jugendlichen, die nach ihrer Schulzeit die sportliche Betätigung aufgeben), verband Percy Wells Cerutty die praktische Sportausübung mit geistigen Ideen und Idealen. Diese Aufmerksamkeit für die ganze Person war für alle, die bei ihm trainierten, die Hauptinspiration und spornte sie zu großen Leistungen an.

„Jede Schwierigkeit trägt das Mittel zu ihrer Lösung in sich ... Deine Aufgabe ist es, dieses Mittel, diesen Lehrer zu finden. An jedem Scheideweg des Lebens gibt es einen Lehrer. Das erkennst Du erst, wenn Du an diesem Scheideweg angelangt bist. Solange Du noch auf dem Weg zu seinem Platz in Deinem Leben bist, steht er Dir nicht zur Verfügung."

„Laufen, wie ich es lehre, ist weniger ein Sport oder eine körperliche Tätigkeit, als ein vollkommener Ausdruck unseres Selbst, von Körper, Verstand und Geist. Laufen, wie ich es lehre, ist die vollständige und vollkommene Entwicklung des Sportlers."

Gerade seine mystische Qualität, die manchen Leser vielleicht befremden mag, zog mich als erste an. Durch seine Anerkennung der Bedeutung des Spontanen und Instinktiven wurde mein Vertrauen zu ihm noch gefestigt. „Jede Situation verlangt eine instinktive Antwort", sagte er. „Wir können nicht in jedem Augenblick bewußt und überlegt handeln. Ein Mensch, dessen Zellen in hohem Maße gesund und dessen Verstand gleichermaßen gut entwickelt ist, wird jeder Situation mit einer unbewußten Reaktion begegnen können, die der von körperlich wie intellektuell nicht so gut bedachten Menschen überlegen ist."

Als Cerutty 1974 die Vereinigten Staaten bereiste, diente ihm mein Haus als Basislager für seine Workshops und Vorträge. Da er damals 79 Jahre alt war, erwarteten die meisten

Menschen einen gesetzten Mann, der sich auszudrücken vermag. Percy aber war unglaublich: Er schimpfte und tobte und schrie vom Aufwachen bis zum Schlafengehen. Er war wie eine Sprungfeder. Damit hatte niemand gerechnet, und ich fand mich in der Rolle seines Verteidigers wieder. Nicht viele konnten seinen Stil tolerieren.

Diejenigen aber unter uns, die ihn kannten und mit ihm lebten und mit ihm liefen, konnten seine Wutanfälle verzeihen; denn wir wußten, daß er warmherzig und aufrichtig war und eine selten zu findende Kameradschaft mitbrachte. Seine Arbeit ist wie ein kosmischer Sprung in das Leben und die Magie des Sports, und ihn zu kennen, gab unserem Leben eine Bedeutung, die über die bloße körperliche Ertüchtigung weit hinausreichte.

Mihaly Igloi

In den fünfziger Jahren, während der Renaissance der Lauf- und Feldsportarten, betrat ein weiterer ideenreicher Lauftrainer die Arena weltweiter Wettbewerbe: Mihaly Igloi, der durch seine hervorragende Fitneß-Arbeit mit ungarischen Soldaten ins weltweite Rampenlicht geraten war. Unter seiner Ägide brachte Ungarn die führenden Langstreckenläufer der Welt hervor.

Mitte der fünziger Jahre emigrierte Igloi in die Vereinigten Staaten, und als Trainer des Santa Clara Youth Village und des Los Angeles Track Club wurde er der erfolgreichste Trainer in der Geschichte des amerikanischen Langstreckenlaufens. Er ersann eine Methode des Laufens, die alle bisherigen übertraf.

„Einen Igloi-Läufer kannst Du immer erkennen", sagt ein Kollege, der unter diesem jähzornigen Ungarn trainiert hat. Iglois Schüler haben einen so weichen Stil, als würden sie auf

Rädern angetrieben werden. In der Tat ist ihr Schritt zyklisch und beruht auf dem Anheben der Knie und einem verkürzten Tritt, mit dem sie über den Boden sprengen und die Gegner mit den langen Schritten weit hinter sich lassen. Iglois System des Intervall-Trainings, das er aus verschiedenen Quellen adaptierte, war für den Aufbau der bemerkenswerten Muskelkraft verantwortlich, die seine Sportler in weltweiten Wettbewerben an die Spitze führte.

Anfangs hatte der große deutsche Sportler Rudolph Harbig Iglois Trainingsmethoden beeinflußt. Bei den Olympischen Spielen von 1936 dann übernahm Igloi das Intervall-System, das er später mit großem Erfolg anwandte. Beim Intervall-Laufen unterteilt der Sportler Distanzen von 50 Metern bis zu einer Meile in Abschnitte, die er in verschiedenen Geschwindigkeiten und Tempos durchläuft. Die Variante, bei der gelaufene Strecken und die Erholungsperioden gleich lang sind, ist ein klassisches Intervall-Training. In den vierziger Jahren wandelte der schwedische Coach Gosta Holmer das Intervall-Training mit dem *fartlek* oder „Fahrtspiel" weiter ab. Die Schweden liefen auf Kiefernadelwegen und änderten spontan ihren Rhythmus. Auf diese Weise wurden die Intervall-Strecken von der Laufbahn in die natürliche Umgebung verlegt und Lauf- und Ruheperioden nach Gefühl gewählt.

Mit der *fartlek*-Methode liefen die Schweden Arne Anderson und Gunder Haegg erstmals die Meile in 4:01. Igloi paßte das Intervall- und *fartlek*-System in eine Methode ein, bei der ausschließlich auf der Laufbahn und dem angrenzenden Rasengelände gelaufen wurde. Er schuf eine „Sprache" für die verschiedenen Arten des Laufens und schrieb individuelle Formeln für seine Läufer. Die Intervalle waren nicht mehr spontan gesetzt, doch hielt Igloi seine Methode für wissenschaftlicher als das *fartlek*. In der Saison 1954/55 wurde seinen Methoden internationale Aufmerksamkeit zuteil.

Die Methode

Iglois Methode basiert auf Tempo, Beinbewegung, Schrittlänge und Kraftreserve für die während eines Rennens geforderte Höchstleistung. Er legte Wert auf Atmung über die oberen Lungenlappen bzw. Oberflächenatmung von der Brust und nicht vom Zwerchfell her. Seine Studenten mußten sich verpflichten, nach einem von ihm vorgeschriebenen Plan zu essen, zu trinken und zu schlafen. Zwischen 80 und 150 Meilen legten sie wöchentlich zurück. Beim Training, wenn bis zu 50 Menschen auf Rasen oder Laufbahn hin und her liefen, gab Igloi individuelle Instruktionen, änderte täglich die Intervalle jedes einzelnen, gemäß seinen eigenen Beobachtungen. Er schien wie ein Arzt, der Rat erteilt, Heilung bringt, aber nicht sagt, was das Übel ist. Ein scharfer Analytiker, der sich auf sein hervorragendes Einfühlungsvermögen verließ, um Trainingsmuster zu diktieren. Niemals schrieb er irgend etwas nieder; seine Techniken blieben bis heute in ihm verschlossen. Dieses Buch ist der erste Versuch, sein bemerkenswertes System zu beschreiben.

Das Igloi-System basiert auf Läufen zwischen 60 und 440 Yards (50–400 m). Jeder Lauf wird mit einer spezifischen Geschwindigkeit absolviert, die er *Tempo* nennt. Das Swing Tempo und seine Variationen ist eine Art der Fortbewegung, bei der man das Bein ausstreckt, das Knie anhebt und in zyklischer Bewegung zügig ausgreift. Iglois Termini sind: Fresh Swing Tempo, Good Swing Tempo und Hard Swing Tempo. *Fresh Swing Tempo* ist eine fließende Bewegung, bei der so wenig Anstrengung wie möglich aufgeboten wird. Mit diesem Tempo wird ein Rennen begonnen, und im Training schiebt man es nach intensiver Anstrengung bei höheren Geschwindigkeiten zur Entspannung und Erholung ein.

Beim *Good Swing Tempo* wird die Frequenz der Beinbewegung größer. Man setzt die gleiche zyklische Bewegung der

Beine ein wie im Fresh Swing Tempo, aber auf mittlerer Leistungsstufe. *Hard Swing Tempo* ist eine treibende Aktion mit langen Schritten, wie man sie vielleicht für die dritte Runde in einem Meilen-Rennen wählt.

Iglois Absicht über das Laufen mit höherer Geschwindigkeit geht von der Überzeugung aus, daß durch kurze Stakkato-Schritte eine bessere Beschleunigung erzielt wird als durch lange Schritte. Kurze Schritte waren schon immer eine Technik der Marathonläufer, für die Beschleunigung auf der Mittelstrecke bestehen Lauftrainer aber gewöhnlich auf langen, treibenden Schritten. Bei Igloi werden im hohen Geschwindigkeitstempo die Schritte verkürzt, der Fuß gleich hinter den Zehen aufgesetzt und die Arme mit leicht auswärts weisenden Ellbogen hoch gehalten. („Einen Igloi-Läufer kannst Du immer erkennen.") Die Arme helfen das Gleichgewicht zu halten und einen Rhythmus herzustellen. Die Atmung erfolgt oberflächlich, in den oberen Lungenlappen. *Good Speed* (gute Geschwindigkeit) ist mittlere Beschleunigung, *Hard Speed* (hohe Geschwindgkeit) verlangt etwa 70 Prozent Leistung, und *All Out* bedeutet: „so schnell Du kannst". Oft wird die Geschwindigkeit von einem Tempo zum nächsten gesteigert.

Igloi stoppte selten die Zeit eines Laufs; Leistung und Technik waren ihm wichtiger. Sein Ego verlieh ihm die feste Überzeugung, daß Sportler ihr Ziel erreichen würden, wenn sie nur seinen Befehlen und Anordnungen folgten; Geschwindigkeit stelle sich mit der Übung ein, nicht indem man sie mißt; und Ausdauer entwickle sich nach vielen Meilen in langsamem Tempo eher als durch schnelle Sprints, sagte er in seiner hitzigen ungarischen Art.

Was blieb, war das Problem der Ausgewogenheit. Zu starke Betonung des Langstreckenlaufs ohne Zeitnahme oder Sprints konnte die Freude am Training verebben lassen. Auf der anderen Seite versetzt zu viel schnelles Rennen den

Läufer in eine Euphorie, die ihn dazu verleitet, sein Ausdauer-Training zu vernachlässigen. Iglois große Begabung war es, in den natürlichen Kreislauf aus emotionalen, physischen und seelischen Zuständen eines Sportlers hineinzuhorchen. Er bemerkte, daß seine Studenten an einem Tag außergewöhnlich gut trainieren konnten und am folgenden große Schwierigkeiten hatten, noch einmal die gleiche Leistung zu erbringen. Er empfand das als so beunruhigend für seine Läufer, daß er ihre Zeitmessung so lange ganz stoppte, bis sie durch sein Intervall-Training auf verschiedenen Stufen in Topform waren. Er vergleicht das Trainieren auf Höchstleistungen hin mit „dem Versuch, die erste Geige im besten Orchester der Welt zu spielen".

Iglois Kritiker meinen, er würde den einzelnen nicht auf die Unerbittlichkeit internationaler Wettkämpfe vorbereiten, da keiner seiner Weltrekordler jemals olympisches Gold gewonnen hätte. Mag sein, daß sein autoritäres Verhalten („ich mach's auf meine Weise") und seine Temperamentsausbrüche im Sportler die Fähigkeit vernichten, die beim Laufen in der Spitzenklasse in Sekundenschnelle notwendigen Entscheidungen zu treffen. Aber nach meinem Dafürhalten verbessern seine Trainingsmittel Gesundheit, Fitneß und das Bewußtsein für die Möglichkeiten des Körpers auf der Langstrecke.

Nie werde ich den Tag im Jahr 1966 vergessen, als ich in Südkalifornien ankam, um bei ihm zu trainieren. Einige Jahre zuvor hatte ich in einem Artikel der Zeitschrift „Look" zum erstenmal über ihn gelesen. In Syracuse, New York, war ich gut gelaufen, aber das Wetter in Syracuse taugte nicht für ein Training während des ganzen Jahres, und dieser Umstand sowie Differenzen mit dem dortigen Trainerstab und ihrer Auffassung, bewogen mich, Igloi aufzusuchen und mit ihm auf die Vierminutenmeile zu trainieren. Ich war Langstreckler an einer High School, die gar kein Programm dafür hatte, und ich bin dort die Meile in 4:22 gelaufen. Später in Syracuse stellte ich mit 4:09 einen Schulrekord auf. Es war an der Zeit, weiterzukommen.

Nach meiner Ankunft aus New York trampte ich vom Flughafen zum Santa Monica College, dessen Team Igloi trainierte. Als ich das Trainingsgelände erreicht hatte, war ich so begierig darauf, mich den 40 oder 50 Menschen anzuschließen, die ich da überall sah, daß ich einfach über den Zaun flankte. Ein paar der hervorragendsten Läufer des Jahres waren dort – Ron Larrieu, Norm Higgins, Tracy Smith –, die neben der Bahn in die verschiedensten Richtungen rannten. Nur wenige bewegten sich tatsächlich auf der Bahn, die meisten schienen planlos, aufs Geratewohl herumzulaufen. Das war Chaos – zumindest für den Zwanzigjährigen, der an präzise Instruktionen seines Trainers gewöhnt war. Bei näherer Betrachtung merkte ich aber, daß sie alle genau wußten, was sie da taten.

Später, als ich Igloi besser kannte, erklärte er mir seine Theorie, indem er seine Gedanken mit den Drähten in einem Radio verglich. „Der Novize ist im Besitz aller Drähte, weiß aber nicht, wohin sie führen sollen", sagte er. Er erzählte mir Geschichten von Weltklasse-Athleten, die zum Training zu ihm gekommen waren und nach harter Laufleistung in langsamem Schritt für diesen Tag aufhören wollten. Er hätte ihnen dann eine Reihe von Intervall-Läufen empfohlen, wodurch sie ihren Schwung wiedererlangten. So konnten sie nach diesen Intervallen weiterlaufen, wohingegen sie zuvor völlig verausgabt waren.

Diese *Kombination von verschiedenen Intervallen und Geschwindigkeiten* ist Iglois großer Beitrag zum Langstreckenlauf. Sie ist schwer zu beherrschen und verlangt tägliche Praxis. Ein weiterer wichtiger Aspekt ist, daß Igloi das Training seiner Studenten so ausbalancieren konnte, daß sie bis zu ihrer Höchstform zu gleichen Teilen Geschwindigkeits-

und Ausdauer-Training absolvierten. Den meisten Trainern sind die beiden Zustände bekannt, in die der Körper beim Laufen geraten kann: der aerobe (genügend Sauerstoff vorhanden) und der anaerobe (Sauerstoffschuld) Zustand.

Im aeroben Zustand ist der Körper müde, der Sportler aber genügend bei Atem, um sich mit einem Mitläufer unterhalten zu können. Ein anaerober Zustand der Sauerstoffschuld andererseits ist gegeben, wenn der Körper für seine beschleunigten Ansprüche im Moment nicht genügend Sauerstoff zur Verfügung stellen kann und der Läufer nach Luft schnappt. Der Meilen-Läufer, der im Finish nach Atem ringt, oder der Läufer, der sich zum tiefen Einatmen vorbeugt, sind Beispiele dafür, daß der Körper in eine Sauerstoffschuld geraten ist. Die Beine fühlen sich stark, aber die Lungen können nicht tief genug atmen. Das raffinierte Verschmelzen von Trainingsmethoden, die das Durchhaltevermögen erhöhen (aerobes Training) und die Fähigkeit vergrößern, Sauerstoff zu verwerten (anaerobes Training), bewirkte den Durchbruch von Iglois Methoden in die Trainingsprogramme.

Im folgenden eine typische Trainingseinheit, die Komplexität und Vielfalt dieses Intervall-Trainings illustrieren soll.

Typischer Trainingsablauf eines 25jährigen Sportlers. Training für die Vierminutenmeile

6 Uhr 30:

- 5 große Runden joggen, etwa 3 Kilometer
- 15mal 100 m: Durchschütteln (shake-ups)
- 6mal 200 m auf dem Rasen im Good Swing-Tempo mit einem 200-m-Intervall zwischen den Läufen
- 4mal 200 m auf der Bahn in flotter Fahrt
- 6mal 200 m auf dem Rasen im Good Swing-Tempo
- 3mal 300 m auf dem Rasen im Fresh Swing mit einer 100-m-Pause zwischen den Läufen
- 1mal 250 m auf der Bahn, mit voller Kraft
- 10mal 100 m: Durchschütteln, locker

16 Uhr:

- 3 große Runden joggen, etwa 1 Meile
- 10mal 100 m: Durchschütteln, locker
- 6mal 100 m aus flotter Fahrt auf 70prozentige Leistung beschleunigen
- 3 Sätze von 4 Läufen über 400 m zwischen 59 und 61 Sekunden mit einer 200 m-Pause zwischen den Läufen und 5 Minuten zwischen jedem Satz
- 5mal 300 m im Fresh Swing-Tempo auf dem Rasen
- 6mal 100 m mit voller Kraft auf dem Rasen ohne Intervall
- 10mal 100 m: Durchschütteln, locker

Dieses Training erfordert drei Stunden am Morgen und am Nachmittag – ein durchschnittliches Tagesprogramm. Ein 5000-m- oder 10 000-m-Läufer würde ungefähr viereinhalb Stunden mit geringerer Geschwindigkeit trainieren. Der Umfang an diesem Tag wären 20–25 Kilometer.

Mit jeder Variation der Umstände erfährt der Körper feine Veränderungen; jeder Sportlerkörper reagiert anders, entsprechend der physischen Kondition und dem Trainingszyklus, den er in einer bestimmten Phase gerade absolviert. Im Vergleich zum klassischen Intervall-System, bei dem der Sportler nur über eine Distanz läuft und dann eine zeitlich bemessene oder gejoggte Pause macht, werden in Iglois System die Ruheperioden in jedem Teil eines Satzes verändert. Während eines zweistündigen Trainings kann man sechs oder sieben verschiedene Ruheperioden haben. Zwar ist dieses System kompliziert und kann nur in einer „Lehre" gründlich erlernt werden, doch zahlt es sich aus, dazu überzugehen.

Um eine Vorstellung davon zu geben, was es bedeutete, unter Igloi zu „arbeiten", möchte ich das Training eines typischen Tages beschreiben. Stellen wir uns die warme Sonne Kaliforniens vor und, ja, auch ein bißchen Smog. Auf und neben Laufbahn und Rasenfläche trainieren vielleicht 40 oder 50 Menschen. Während meines Aufenthalts gehörten zur Gruppe ein elfjähriges Mädchen, das täglich 12 Meilen lief, Geschäftsleute, Sportlerinnen und Hausfrauen, College-Studenten und Athleten von internationalem Format. Jeder arbeitete nach seinem individuellen Igloi-Programm, und der Veteran mit zehnjähriger Lauferfahrung wurde mit der gleichen väterlichen Besorgnis behandelt wie der Jogger.

Betrete nun auch du die Szene. Du könntest dich mit 10 langen, langsamen Runden aufwärmen und Shake-ups anschließen. Shake-ups, Durchschütteln, sind eine Methode der Entspannung, bei der man während des Joggens jeden Muskel locker auf dem Skelett aufliegen läßt. Mit dem Durchschütteln beginnt und endet jedes Training. Wenn die Arme herunterhängen und der ganze Körper wackelt, kann man bis zu einem Punkt entspannen, von dem aus sofort ein schneller Lauf anschließen kann. Es ist eine Methode, Körper und Geist in die richtige Lage für eine Leistung mit voller Kraft zu bringen. Ich habe Sportler nach 10 Shake-ups mit hoher Geschwindigkeit laufen sehen, wo andere erst 4 oder 5 Sprints über 100 m hätten einlegen müssen, um gleichermaßen präpariert zu sein.

Nach dem Durchschütteln könntest du 200 m im Fresh Swing-Tempo laufen, wobei, jeweils 200 m mit einer (gegangenen oder gejoggten) Pause von 200 m abwechseln. Anschließen könnten sich vier 100-m-Strecken mit Pausen von 50 m zwischen jedem Lauf. Zum Schluß könntest du 4mal 250 m in vollem Tempo auf der Bahn laufen. (Diese Gruppe von Intervallen wird ein „Set", ein Satz, genannt.) Folgen könnte eine lange, langsame Runde, bevor du mit einem weiteren Satz verschiedener Läufe und Erholungsperioden beginnst. Igloi gab immer nur einen Satz Zeit vor und beobachtete dann die Reaktion des Läufers, denn die konnte zur Änderung des weiteren Tagesprogramms führen ... ähnlich wie der Spielmacher im Fußball einen bestimmten Spielzug verändert.

Einmal verpaßte Igloi mir ein Set von zehn 100-m-Sprints auf dem Rasenabschnitt innerhalb der Bahn. Ich mußte jede 100 m mit voller Kraft laufen, ohne Ruheperioden, einfach nur umdrehen und zurückrennen. Nach der Hälfte wurde mir klar, daß es sich um einen bestimmten Test handelte. Ich rannte alle Läufe vom ersten Schritt an mit voller Kraft, und beim sechsten Intervall war ich in eine solche Sauerstoffschuld geraten, daß man mich im ganzen Stadion stöhnen hören konnte. Am Schluß fiel ich geistig und körperlich völlig erschöpft auf den Rasen. Igloi kam herüber und meinte: „Wenn der Verstand ja sagt, gehorcht der Körper." Solche Vorstellungen betrachtete er ganz nüchtern, wie ein Wissenschaftler, der eine Ratte im Labyrinth beobachtet.

Das Training eines einzigen Nachmittags konnte 4 Stunden dauern. Zusätzlich gab es immer einen morgendlichen

Lauf von 90 Minuten. Wir hörten nie vor dem späten Abend auf. Vom Morgengrauen bis zur Abenddämmerung lebte ich im Freien, und ich glaube, nie habe ich die Jahreszeiten so erlebt wie in jenem Jahr.

Obwohl ich nie eine Vierminutenmeile lief, fühlte ich, daß ich enorm an Trainingstechnik gewann, die ich anderen weitervermitteln konnte. Schließlich war natürlich die Zeit gekommen, Abschied zu nehmen. Ich fühlte mich genau wie ein Kokon, gleichzeitig beschützt und zum Leben erweckt. Da hatte es Augenblicke gegeben, die ich um nichts eintauschen möchte. Den Frühsommer, als Igloi in Hemdsärmeln ekstatisch sprang und tanzte, während wir eine Viertelmeile nach der anderen über die Aschenbahn fegten. Und die Regentage, an denen wir uns durch das nasse Gras schleppten und er dablieb, obwohl alle anderen nach Hause gegangen waren und obwohl er wußte, daß wir diesen Trainingsabschnitt auch ohne ihn beenden würden. Aber er wollte dabeisein, trotz des Wetters, und Anteil nehmen. Und wenn das Team erledigt war und in den Umkleideraum schlurfte, kam er hinzu und äffte unser Laufen nach, brachte uns alle zum Träumen mit seiner väterlichen Liebe, wenn er uns hieß, ein paar Runden zu joggen und nach Haus zu gehen.

Kapitel 3

Ein integrales Trainingsprogramm

Jogging ist nicht genug. In einer Gesellschaft, die in vielen Lebensbereichen neue Vorbilder sucht, ist es das Ziel eines Sportlers, mit seinem Hobby ein Modell für Kreativität und Verständnis zu finden. Laufen spendet größere Vitalität und höheres Bewußtsein, es ist mein Yoga; das Laufen schenkt mir neue Energie für die Anforderungen des täglichen Lebens. Von anderen höre ich, daß es hilft, Depressionen zu überwinden, den Appetit zu stabilisieren, das Gewicht zu kontrollieren, sich einfach wohler zu fühlen. Ein Lauf vor dem Frühstück ist eine herrliche Einstimmung auf die tägliche Arbeit, besonders wenn man einen Bürojob hat. Ein Lauf nach der Arbeit fegt die Spinnweben der Ermüdung fort und macht den Kopf frei für ein intensiver genossenes Familienleben.

Bis vor kurzem gaben nur wenige Sportler öffentlich zu, daß der Sport für sie eine Art Yoga ist. Der eigentliche Zweck der Workshops, die ich in San Francisco und Big Sur (Kalifornien) abhalte, ist, über das Laufen hinauszugehen, das Bewußtsein um die Freuden des Laufens zu erweitern und den Körper an neue Leistungsgrenzen körperlicher und geistiger Fitneß heranzubringen. Wir beginnen damit, daß wir uns von unseren vorgefaßten Meinungen über das Laufen verabschieden und das Thema aus ganz neuem Blickwinkel betrachten. Wir bemühen uns, natürlicher, wie die Tiere zu laufen: Wir traben und galoppieren verhalten und schnell und setzen den Oberkörper beim Vorwärtsschub ein. Kombiniert man diese Tempos und Schrittfrequenzen mit den Mitteln der Visualisation und Meditation, tauchen neue Denkmuster auf: wir bewegen uns auf eine tiefere Erfahrung von Geist und Körper zu. Sportler künftiger Generationen werden davon profitieren, daß wir Vorläufer auf diese Art neue Gebiete erschlossen haben.

Was läuft ab?

Bei einem eintägigen Workshop stelle ich den Teilnehmern ein Glossar von Informationen vor, das ihnen einen Überblick über mein Trainingsprogramm gibt. Meine Absicht ist, sowohl die Technik zu lehren als auch Workouts durchzuführen. Wenn das eigentliche Laufen in verschiedenen Gangarten und Tempos zu anstrengend wird, ist es an der Zeit, Gedichte zu schreiben, Dehnungsübungen zu machen oder über die Lehre vom Laufen und die damit verwandte Philosophie zu diskutieren. Das Ziel heißt, sofort wechseln zu können zwischen zunehmend intensivem Laufen und den dabei gemachten Erfahrungen. Am Ende eines Workshops haben wir alle Gangarten gelernt, haben erlebt, wie man nach Meditation und gelenkter Phantasie läuft, uns mit Yoga und Feldenkrais-Übungen gelockert, haben Gedichte geschrieben, die Bewegung vom eigenen Zentrum aus kennengelernt und mit Wegen zu unseren subtileren Energien experimentiert. Jeder Teilnehmer hat außerdem ein auf seinen speziellen Fitneß-Stand zugeschnittenes Trainingsprogramm sowie Vorschläge für die weitere Anwendung der Methode erhalten.

Der Trainingsprozeß

Abwechslungsreiches Training ist für Menschen aller Fitneß-Stufen entscheidend. Um so viele körperliche und geistige Elemente wie möglich einzubringen, variiere ich die Programme für den Anfänger genau wie für den erfahrenen Athleten. Das bedeutet: Fahrtspiel, Intervalle, Variieren von Gangart und Atmung und Widerstandstraining. Daß die Menschen, abhängig vom jeweiligen Körperbautypus, Temperament und von emotionalen Zyklen unterschiedlich laufen, ist eine Tatsache, die das Jogging nicht berücksichtigt, was ich ihm zuallererst zum Vorwurf mache.

Man unterscheidet beim Menschen drei somatische Typen: den endomorphen (fettleibigen), den mesomorphen (muskulösen) und den ektomorphen (schlanken) Typ. Bei meinem Training berücksichtige ich sowohl diese Körperbautypen wie auch den Grad der Fitneß.

Die meisten Betreuer wenden aerobe und anaerobe Trainingsmethoden an. Ich füge noch Widerstandstraining hinzu, um die Kraft von Muskeln und Knochenbau aufzubauen. Widerstandslaufen setzt die Muskeln unter erhöhte Belastung: etwa durch Bergauflaufen, Gewichtheben oder Kraftläufe. Kraftläufe erzeugen eine natürliche Muskelanspannung, die Stärke aufbaut.

Das am schwersten wirkungsvoll zu handhabende Werkzeug ist die Tempo-Variation. Da Sauerstoffverwertung und Durchhaltevermögen bei jedem einzelnen unterschiedlich sind (und auch nicht exakt gemessen werden können – wenn auch inzwischen die sogenannte Laktatbestimmung des Bluts Hinweise gibt), basiert ein großer Teil meiner Lauf-Rezepte auf Intuition und Erfahrungswerten. Fürs anaerobe Training stehen mir Tausende von Varianten zur Verfügung. Wenn wir beispielsweise sechs Distanzen zwischen 50 m und einer Meile nehmen und diese mit sechs Tempoeinheiten und sechs

Ruheperioden kombinieren, können wir Tausende von Trainingsprogrammen entwickeln. Diese Vielfalt ermöglicht sehr präzise Trainingseinheiten für den Anfänger.

Bestandteil jedes meiner Workshops sind detaillierte, auf den einzelnen zugeschnittene Laufprogramme und Trainingspläne. Sie enthalten Instruktionen zu Atmung, Gangarten und Tempos, Übungen für die Skelettmuskulatur, gesundheits- und leistungsfördernde Ernährungsvorschläge und Techniken der Visualisierung und Meditation. Es ist jedoch das Prinzip hinter all diesen Werkzeugen, das den Studenten hilft, ihren Fortschritt selbst zu beurteilen. Jeder Mensch bewegt sich anders und muß individuell betreut werden. Einige können mühelos gleiten, aber nicht gut sprinten. Deshalb sollten sie hauptsächlich Good Swing-Tempos und Läufe mit mittlerer Geschwindigkeit trainieren, die sie leicht „halten" können. Endomorphe Typen könnten vielleicht besser auf der Stelle üben: hohes Anheben der Knie, Kraftläufe oder Fresh Swing-Tempos, so daß das überschüssige Gewicht nicht über den Platz getragen werden muß. Ein eher steifer, mesomorpher Typ, wie ich es bin, trainiert am besten auf hohe Geschwindigkeit und leichte Lauftempos. Für mich ist es schwer, in meiner liebsten Geschwindigkeit 10 Kilometer lang zu gleiten. Mein Körper „schaltet" in dieser Weise einfach nicht. Ein ektomorpher Freund von mir lief ausschließlich mittlere Geschwindigkeiten. Ein anderer sehr dünner Freund war – ohne die geringste Geschwindigkeitsarbeit – in Rennen bis zu 50 Meilen erfolgreich. Seine Bewegungen waren so fließend, daß er einzig und allein seinen Körper fit halten und alle zwei Wochen ein Rennen laufen mußte, um scharf wie ein Rasiermesser zu bleiben. Manchmal baue ich unterschiedliche Tempos in einer Wiederholung zusammen, zu einem Zeitlauf. Solche Tests können über Renndistanzen gelaufen werden, aber möglichst jeweils mit unterschiedlich starker, etwa 50- oder 75prozentiger Leistung.

Der Entwurf eines Trainingsprogramms ist dem Bau eines Hauses ganz ähnlich. Wenn man das Fundament nicht ordnungsgemäß gelegt hat, wird es zusammenfallen. Und wenn man nicht zügig Fortschritte macht, mit vorausschauendem Blick in die Zukunft, wird man sich womöglich zu langsam bewegen. Aus diesem Grund muß selbst der Anfänger ein Ziel haben und sei es nur, mal 100 m zu sprinten oder wenigstens ein paar Minuten schnell laufen zu können.

Körperliche Kondition verbessert sich Schritt für Schritt, in Etappen. Fortschritte und Plateaus wechseln sich ab. Die zwölf Wochen dauernde Anfangsphase sollte in 65 Prozent für die Ausdauer, 25 Prozent für die Geschwindigkeit oder das Tempo und 10 Prozent für das Widerstandstraining aufgeteilt werden, jeder folgende Zyklus aber in einem anderen Verhältnis aufgebaut sein. Diese späteren Programme können für jeden einzelnen unterschiedlich aussehen, je nach individueller Zielsetzung und körperlichen Fähigkeiten.

Oberster Grundsatz ist: Wir beginnen auf der breitestmöglichen Basis. Das beinhaltet viel „Shuffle"-Laufen in Fresh Swing-Tempos. Auf gut deutsch: Langsam laufen, aber dabei locker bleiben. In den ersten zwölf Wochen soll das Fundament gelegt werden. Danach heißt das Ziel: zunehmende Verschärfung, bis nach einem Jahr des Trainings der Höhepunkt erreicht ist.

Jedem Menschen setze ich so etwas wie ein körperliches Ziel. Egal ob es sich dabei um eine Zeit, Distanz oder das Meistern einer besonderen Lauftechnik handelt – allein, daß ein bestimmtes Ziel gesetzt wird, ist entscheidend. Am Anfang lautet es, die „Haltung" und ein Gefühl für die Beingeschwindigkeit bei leicht anaerobem Stoffwechsel zu entwickeln. Lange Erholungspausen sollten anfangs zwischen den unterschiedlichen Stilformen und Geschwindigkeiten liegen. Nach gewisser Zeit nimmt das Tempo der Läufe zu und die Pausen werden kürzer.

Der erste Zyklus von zwölf Wochen wird ohne viel intensives, anaerobes Laufen abgeschlossen. Von diesem Zeitpunkt an kommen verschärfende Workouts und Laufen im anaeroben Bereich hinzu, ohne daß die in zwölf Wochen geschaffene, ursprüngliche Basis ausgezehrt wird. Alle setzen sich ein irgendwie geartetes individuelles Ziel, etwa: eine Meile laufen, die größtmögliche Distanz in zwölf Minuten zurücklegen oder in einer bestimmten Zeit eine Vielzahl von Stilarten zu benutzen.

Jeder Läufer hat seine eigene Art des Trainierens. Es gibt keine absoluten Regeln, die Rolle des Lehrers oder Trainers besteht darin, den einzelnen durch die verschiedenen Phasen und Zyklen zu leiten. Ein Trainer muß mit und für den Läufer planen und oft intuitiv erahnen, was gemacht werden muß und kann. Aber er darf den Läufer nicht „kontrollieren". Percy Cerutty hat gesagt: „Ist der Sportler kein freier und tatkräftiger Arbeiter, läßt man ihn nach einem starren Programm oder nach dem Diktat eines anderen, wie dem Trainer oder einer Autoritätsperson arbeiten, muß das in Konfusion, Enttäuschung, Desillusionierung, Teilerfolgen (an dem gemessen, was hätte sein können), Zusammenbruch und schließlich Frustration und Aufgabe enden."

Andauernder Fortschritt wird durch sorgsam abgestufte Programme erzielt. Bill Bowerman aus Oregon nennt das die Hart/Leicht-Methode, bei Cerutty ist es die „Inclined Saw-Tooth Theory" (zu deutsch eigentlich „Sägezahn-Theorie". Frei übersetzen ließe sich dieses Motto vielleicht mit „Zukkerbrot und Peitsche"): „Langsam und sicher muß der Organismus gleichmäßig größer werdenden Belastungen ausgesetzt werden. Diese Belastungen können jedoch nicht in fortgesetzte Leistung addiert werden. Wir müssen einen Zyklus finden, der uns entspricht, eine Spanne, in der die Belastung groß ist, und eine, in der sie zurückgenommen wird. Den Organismus ständig hoher Belastung auszusetzen,

ESALEN
SPORTS CENTER
A.A.U.

ist eine Einladung zum endgültigen Zusammenbruch, sogar zu dauerhafter Verletzung." Deshalb trainiert ein Anfänger dreimal wöchentlich, und die etwas Fortgeschrittenen haben jeden dritten Tag einen leichten Lauf.

Neben dem Umschalten des Stoffwechsels ist es auch notwendig, in einer Stilart zu laufen, die zu der Geschwindigkeit oder zu dem Tempo paßt, das du gerade gewählt hast. Dieses „Schalten" in verschiedene „Gänge" ermöglicht es dem Körper, einen Lauf fließend zu absolvieren, nämlich die Beinarbeit, wenn angebracht, zu verändern und den Oberkörper zum Antreiben des Körpers einzusetzen. Eine Technik, mit der man im Rennen einem anderen Läufer davonstürmen kann, oder mit der man für Trainingszwecke einen plötzlichen Auftrieb an Energie und Geschwindigkeit erzielt, nennt sich „surging" – Vorpreschen. Und so wird's gemacht: Beim Laufen im Fresh Swing, im lockeren Tempo, die Hände seitwärts auf Armlänge wegstrecken; dann die Hände hohl machen, dabei den Daumen außen zwischen Knöchel und Fingerspitze gegen den Zeigefinger pressen. Gleichzeitig mit dem Daumendruck, der hier eine Rolle spielt wie das Niedertreten des Gaspedals, einen „Bing"-Laut in der Kehle erzeugen. Mit diesem Ton wird der Körper einige Meter weit an einem Gegner vorbeipreschen, oder dich auch nur in Hochstimmung versetzen, wenn du dich nicht in einem Rennen befindest.

In einem Lauf veränderst du die Schrittfrequenz vielleicht zwei- oder dreimal. Eine meiner Lieblingsfolgen geht von Good Swing nach Good Speed und weiter in leichtem Galopp. Aus der zyklischen Bewegung des Swing Tempos verkürzen wir allmählich die Schritte und legen den Fußdruck kurz hinter die Zehen. Auf diese Weise kann eine Muskelgruppe ausruhen, während eine andere in Aktion ist. Vom flotten Lauf gehe ich zum leichten Galopp, zum Sprint über. Zur Zeit sprinte ich, indem ich mit der linken Hand stoße und mit dem rechten Fuß abdrücke. Der Fußdruck verlagert sich zu den Zehen hin, der Arm bewegt sich aus- und abwärts. Der Schub erfolgt nicht nach regelmäßigem Muster, sondern wird durch den Energiefluß gesteuert, den der Läufer verspürt. Wenn die Energie ihr Maximum erreicht hat, so wie eine Welle ihren Kamm, werden Schub und Vorwärtsstoß ausgeführt.

Die körperliche Verfassung spielt eine große Rolle, besonders in der späten Phase eines harten Laufs oder Rennens. Wenn dein Körper den richtigen Schwung beibehalten kann, wirst du nicht ins Stocken kommen – mag der innere Organismus auch müde sein. Lee Evans, Weltrekordhalter über 400 Meter, lehrte mich die Praktiken des Sprintstils, als wir am Esalen Sports Center zusammen arbeiteten: Das vierteilige Verfahren der „Sprint-Form" umfaßt Laufen mit hochgezogenen Knien, die Schrittlänge entspricht dabei einer ganzen Beinlänge; stelle dir dann vor, du streckst deine Hände wie zum Händeschütteln vor und läßt die Luft deine Ellbogen zurückziehen; und wenn du schließlich den kritischen Punkt überschreitest, dabei aber durch die Zähne singst, kannst du trotz der Ermüdung auf den letzten Metern des harten Laufs deine Haltung bewahren.

Je mehr wir über den Mechanismus des Körpers erfahren, desto wichtiger werden diese oder andere Techniken für den Trainingsprozeß. Bewegungsstil ist einer der am meisten vernachlässigten Aspekte bei der sportlichen Vorbereitung.

Für jeden Läufer gibt es ein spezielles Training. Durch Ausprobieren und Fehlermachen wird jeder „seinen" Weg herausschälen. Generell solltest du dich vom leichten aeroben zum langsam intensiveren, anaeroben Laufen steigern. Wenn man in den Bereich der Höchstleistung vordringt, wird sich der Organismus nach intensiven anaeroben Läufen sehnen und bei weniger aufregendem Training langweilen. Um dem entgegenzusteuern, und damit nichts verpufft, empfiehlt es sich jedoch, langsamen Trab und Fresh Swing-Laufen mit mindestens 50 Prozent im Trainingsprogramm zu belassen. Nur ein solches Gleichgewicht ermöglicht eine ständige Verbesserung der Form.

Am Ende eines jeden Zyklus sollte man öfter ein Rennen laufen oder mit voller Kraft im Training rennen; an den Tagen zwischen den Hochleistungen ist leichtes Lauftraining angesagt. Dieser Lauf aus voller Kraft komplettiert den Zyklus. Eine neue Phase beginnt mit dem erneuten Ausbalancieren von aerobem und anaerobem Laufen. Wenn es schon spät in der Saison ist, wird man das anaerobe Konditionstraining intensivieren, im Herbst oder zu Beginn eines neuen Zyklus dagegen das aerobe Laufen verstärken. Ganz am Ende der Saison schließlich stehen kurze Intervalle auf dem Tempoprogramm, bei denen die Erholungspausen kaum mehr vom eigentlichen Laufen zu unterscheiden sind.

Festzuhalten ist, daß der Trainingsprozeß spiralförmig verläuft. Wer beständig arbeitet, wird jedes Jahr eine Verbesserung erleben. Fitneß schichtenweise aufeinander aufzubauen und dabei all das erhalten, was sich bereits entwickelt hat, das ist die Devise. Dann wird auch für dich der Tag kommen, an dem du schneller und leichter läufst, als du es jemals zu träumen gewagt hättest. Mancher kriegt darob ein schlechtes Gewissen, glaubt, er habe sich ungerechterweise einen Vorteil verschafft. Genieße diese göttlichen Momente, du hast sie dir verdient. Gib dich ab und zu der Euphorie des Erfolgs hin und denke darüber nach, was diese Erfahrung dir fürs weitere Leben bedeuten kann. Geprägt von unserer moralbetonten Erziehung scheuen wir uns, Lust auszuleben. Noch im Sport, als einer Form „erlaubter" Befriedigung, kämpfen wir gegen einen Panzer von lustfeindlichen Verboten. Viele Läufer scheinen das nicht begriffen zu haben. Sie sehen intensives Training eher als selbstauferlegte Strafe oder als Disziplinierung im militärischen Geist, denn als körperliche Befreiung, als Spiel mit der Lust. Diese Verbissenheit, die sich zudem nur am Ziel oder Erfolg orientiert, nicht jedes Training für sich genießt, ist der größte Feind für ein lockeres, lustvolles, lebens-langes Laufen.

Hilfsmittel

Eine ganze Reihe von Techniken können auf einem Rasenplatz oder sogar im Haus ausgeübt werden. Ein hilfreiches Accessoire ist der „Executive Jogger", ein Schwammpolster mit innenliegenden Federn, das Beine und Knie bei schnellen Bewegungen vor Verstauchungen bewahrt. Anderen mag eines der modernen, inzwischen durchaus tauglichen Laufbänder helfen. Der „Short Step" genannte Lauf mit sehr kurzen Schritten ist eine einfache anaerobe Technik, die die Schnelligkeit der Beinbewegung verbessert. Probiere mal aus, wie viele Schritte du auf einem 15 Meter langen Stück unterbringen kannst. Wenn du sehr schnell über den Boden trampelst und trommelst, wirst du in eine leichte Sauerstoffschuld geraten.

Der Power Run

Eine meiner Techniken, und mir besonders lieb, ist der „Power Run“, ein Kraftlauf, der über dynamische (isometrische) Anspannung ein Widerstands-Potential erzeugt. Und so wird er ausgeführt: Greife mit den Händen nach dem Himmel und drücke dabei ein Bein hoch. Ziel dieser Übung ist nicht, den Sportplatz zu überqueren, sondern den Körper in einen solchen Spannungszustand zu versetzen, daß normale Stilarten und Tempos dagegen leicht erscheinen. Dieser „Lauf“ kann nur über kurze Zeit ausgeübt werden. Mit seiner Hilfe wird im ganzen Körper die Kraft der Skelettmuskulatur aufgebaut. Es ist ratsam, nach jedem Power Run ein paar Meter weit leicht weiterzutraben. Dieser Lauf fordert Anstrengung gegen Widerstand ab und ist gleichzeitig eine anaerobe Übung, die Elemente dynamischer Anspannung zur Stärkung des Oberkörpers enthält.

Knie-Lift

Wenn man nicht draußen trainieren kann, ist das Hochziehen der Knie (Knie-Lift) eine Übung zur Stärkung der Herz- und Bauchmuskulatur. Und es kann eine große Hilfe für Stadtmenschen sein, die keine Möglichkeit haben, auf Rasen zu laufen. Lege einfach die Hände auf die Hüften und hebe abwechselnd die Beine so hoch wie möglich an die Brust.

Auf der Stelle laufen

Das Laufen auf der Stelle ist ein Mittel, die Beingeschwindigkeit zu verbessern und in leichte Sauerstoffschuld zu geraten. Diese Übung wird am besten auf einem Rasenplatz ausgeführt. Kauere dich nieder und fülle die Lungen mit Luft. Stehe auf, stoße die Luft mit einem Laut des Kehlkopfs aus und renne schnell und so oft du kannst auf der Stelle, bis dir die Luft ausgeht.

ESALEN
SPORTS CENTER

Laufen gegen Widerstand

Suche dir einen Sandhügel von etwa 30 Metern. Halte die Arme zur Seite und erzeuge im Kehlkopf einen Laut, wenn du den Hügel emporstürmst. Dieser Lauf stärkt die Beine, entwickelt den Brustkorb und härtet den Willen! Im Sand kannst du alles aus dir herausholen, ohne bei einem Sturz Verletzungen fürchten zu müssen; zudem gibt sandiger Grund nach und fordert damit zusätzlichen Einsatz. Der einst weltberühmte französische Sprinter Roger Bambuck trainierte viel nach dieser Methode.

Visualisierung

Aus dem Laufen resultiert ein natürlicher Bewußtseinsstrom. Wer die Flut von Gedanken zuläßt (!), die beim Laufen durch das Gehirn strömt, wird aufs Angenehmste überrascht werden. Als ein Mittel, diese Bewußtseinszustände zu steigern, benutze ich eine Reihe „gelenkter" Bilder. Das erste nenne ich „Die Große Hand": Stelle dir bei dieser Übung eine große Hand im Rücken vor, die dich, während du locker trabst, anschiebt. Lehne dich in diese Hand, wenn du müde wirst.

Ein anderes Mittel ist die Vorstellung eines Himmelshakens, an dem du mit den Haarspitzen hängst. Er hält dich und zieht dich gleichzeitig über den Boden.

Ein drittes Bild, das ich erfolgreich eingesetzt habe, ist die Vorstellung, daß zwischen den Pfosten eines Fußballtores oder zwischen zwei Bäumen ein Draht gespannt ist. Denke dir nun, du trägst ein Brustgeschirr und bist ebenfalls über einen Draht mit jenem zwischen den Torpfosten oder Bäumen verbunden. Lasse dich mit Gewalt zu dem gespannten Bogen hinziehen, so als würdest du an einer Angelschnur dem Ziel entgegengespult werden.

Techniken der Visualisierung wie diese werden im Sporttraining der Zukunft eine ganz bedeutende Rolle spielen.

Atmung

Noch etwas will beachtet sein, wenn wir unseren Schritt üben: die Atmung. Cerutty lehrte die Methode, Anspannung durch den Kehlkopf freizulassen. Er glaubte, man könne sich bewußt bemühen, eine Anspannung auszuatmen, indem man die Luft beim Laufen rhythmisch ausstößt. Bei dieser *Tide-Atmung* erzeugt man beim Ausatmen einen kleinen Laut mit dem Kehldeckel (also von der Kehle aus, nicht vom Unterleib). Jeder Atemzug ist anders, genau wie jede Ozeanwelle, die an die Küste rollt, sich von der nächsten unterscheidet. Wenn du Luft ausstößst, bekommst du einen Schub vorwärts und erhöhst so den Schwung. Dahinter steht die Idee, in einen Atemrhythmus zu gelangen, der deiner Körperbewegung entspricht. Wenn die Atmung asymmetrisch ist, das heißt nicht einfach in Routine oder ein regelmäßiges Muster verfällt, glaubte Cerutty, sei es möglich, im Laufen einen physischen Durchbruch zu erzielen und einen höheren Bewußtseinsgrad zu erlangen.

Es dauert seine Zeit, bis man die Atemtechnik beherrscht; sie bei zunehmender Geschwindigkeit beizubehalten ist noch schwieriger. Es heißt, langsam zu beginnen, die Luft aufzunehmen, ohne dabei vorwärts zu treiben, und dann unisono freizugeben, wobei die Arme nach vorn oder zur Seite fallen, und du „drückst", vorwärts drängst. Die Atmung ist mit der Armbewegung synchronisiert, ein festes Schema aber gibt es nicht. Die Bewegung sollte spontan sein.

Während eines intensiven Laufs, nachdem verschiedene Lauftechniken und Tempos durchgespielt sind, wird jeder von sich aus beginnen, die Schritte zu verändern und die Atemmuster abzuwechseln. Jeder entwickelt eine Vorliebe für bestimmte Gangarten und Tempofolgen. Manche rennen mit Kraft, andere mit Grazie und fließender Bewegung.

Rituale

In meinen Workshops experimentierte ich mit Ritualen vor der sportlichen Tätigkeit. Bei der in Esalen „Energy Work", Energie-Arbeit, genannten Methode stehen sich jeweils zwei Personen gegenüber; die rechte Handfläche ist nach unten gerichtet, die linke Handfläche zeigt nach oben. Zunächst halten die beiden ihre Handflächen höchstens einen halben Zentimeter voneinander entfernt. Sie spüren allmählich so etwas wie Hitze, die von dem entstehenden Energiefeld produziert wird. Wenn das gelungen ist, befreit sich einer von beiden daraus und beginnt, zwischen seinen eigenen Händen ein Energiefeld aufzubauen, indem er so tut, als forme er mit ihnen einen kleinen Ball. Diese Kraft wird dann dem Partner übertragen, an eine Stelle kurz unterhalb des Bauchnabels. Wenn der Partner den Transfer fühlt, rennt der Läufer erst im Fresh Swing-Tempo an und prescht dann voll los. Bei einem anderen Ritual laufen zwei Partner auf ein Objekt zu, etwa einen Baum, während ihnen ein Dritter telepathisch die Nachricht zusendet, auf welcher Seite des Baums sie vorbeilaufen sollen. Wenn das Energiefeld zwischen den Partnern „geschlossen" ist, wird die Nachricht empfangen...

Trainingsplan

Die in diesem Buch beschriebenen Stilformen und Tempos des Laufens bewirken, wie unten zu sehen, sowohl aerobe wie anaerobe Trainingseffekte. (Anmerkung: In den ersten drei Monaten sollten zur Entwicklung der Basis-Kondition 65 Prozent des Trainings im „Shuffle" oder „Fresh Swing" erfolgen.)

Diese Verhältniszahlen entspringen meiner eigenen intuitiven Schätzung.

Am Ende jeder der nachstehend beschriebenen Trainingseinheit 10 Minuten traben! Eine Workout-Woche sollte mit mehr ausdauerorientierten Wochen / Tagen wechseln. Jeder muß da seinen Rhythmus selbst finden. Der große Fehler der meisten Hobbyläufer ist es jedoch, auf solche erfrischenden Einlagen zu verzichten. Tempowechsel ist meist mehr als überzogen langes, gleichmäßiges Jogging.

	Ausdauer	*Anaerob*
Shuffle – langsamer Trab	97%	3%
Fresh Swing Tempo – lockerer Trab	85%	15%
Tempo-Training		
Good Swing-Tempo – flott	75%	25%
Good Speed-Tempo – schärfer	75%	25%
Good Speed bis zu $^8/_{10}$ der Leistung	65%	35%
Hard Swing-Tempo – Tempo für 10000 m	60%	40%
Surge – Beschleunigen	40%	60%
Arm-Schwung	50%	50%
Amble – „Schlendern"	90%	10%
Trot – Trab	75%	25%
Canter – leichter Galopp	55%	45%
Gallop – Galopp	30%	70%
80prozentiges Tempo oder Galopp	15%	85%
Sprinten mit äußerster Kraft	5%	95%
Laufen gegen Widerstand		
Power Runs – Kraftläufe	30%	70%
Sandhügel	15%	85%
Hilfsmittel		
Short steps – kurze Schritte	40%	60%
Auf der Stelle laufen	40%	60%
Knie-Lift	80%	20%

Dies ist in ungefähren Zahlen der Trainingseffekt bei einem 25- bis 40jährigen, der einigermaßen gut in Form und nicht allzu übergewichtig ist.

*Typische Trainingseinheit
für endomorphe („vollschlanke") Frauen*
Alter: 35–38 Jahre

1. Tag:
2 Minuten: Shuffle-Trab
3mal über 50 m: Shake-ups (Schütteln)
25mal Knie-Lift
2 Minuten: Laufen auf der Stelle
2 Minuten: Shuffle/Gehen
2mal 60 m: Fresh Swing (locker)
2mal 60 m: 40 m Fresh / 20 m Beschleunigen
2mal 60 m: Shake-ups

2. Tag:
10 Minuten Schwimmen

3. Tag:
8 Minuten: Gehen/Shuffle-Trab
3mal 50 m: Shake-ups
5mal 60 m: Fresh Swing
2mal 60 m: 40 m Fresh / 20 m Beschleunigen

4. Tag:
5 Minuten: Trab
3mal 20 Sekunden Fresh Swing,
nur bis 20 Prozent der Leistung

Typische Trainingseinheit für mesomorphe (schlanke) Frauen bei guter Gesundheit
Alter: 30–33 Jahre

1. Tag:
5 Minuten: Trab
5mal 90 m: Shake-ups
4mal 70 m: Fresh Swing-Tempo
3mal 110 m: 80 m im Fresh Swing / 30 m im Swing
4mal 100 m: 70 m im Fresh Swing /
30 m in Good Speed (schnell)
3mal 100 m: Shake-ups

2. Tag:
18 Minuten: Trab / Fresh Swing
4mal 90 m: Shake-ups

3. Tag:
10 Minuten: Trab
4mal 90 m: Shake-ups
4mal 60 m: Sprint-Form, vierteilige Sequenz (s. S. 57)
2mal 1 Minute: Fresh Swing,
nur bis 40 Prozent der Leistung

Typische Trainingseinheit für Männer mit ekto-mesomorphem Körperbau
Alter: 25–28 Jahre

1. Tag:
5 Minuten: Trab
4mal über 90 m: Shake-ups
3mal über 50 m: Sprint-Form
30mal Knie-Lift
6mal über 100 m: leichter Galopp
4mal über 110 m: 40 m Fresh / 30 m Good Speed / 40 m leichter Galopp
2mal über 80 m: Trab
3mal über 90 m: 70 m Fresh / 20 m Beschleunigen
2mal über 70 m: Shake-ups

2. Tag:
1 Stunde: Trab / Fresh Swing
3mal über 100 m: Shake-ups

3. Tag:
15 Minuten: Trab
4mal über 100 m: Shake-ups
3mal über 50 m: Sprint-Form
30mal Knie-Lift
6mal über 100 m: Gehen bis leicht galoppieren
3mal über 70 m: Good Speed
2mal über 70 m: Shake-ups

4. Tag:
10 Minuten: Trab
3mal 1½ Minuten: Fresh Swing, nur bis zu 40 Prozent
2mal über 150 m: 120 m im Good Swing / 30 m Beschleunigen

Typische Trainingseinheit für einen ekto-mesomorphen (eher dünnen) Mann, Wettkampf-Vorbereitung
Alter: 45 Jahre
Bestes Ergebnis auf der Meile: 5 : 10 Minuten

1. Tag:
1 Meile: Trab
4mal über 90 m: Shake-ups
4mal über 60 m: Sprint-Form
5mal über 110 m: Fresh Swing
3mal über 100 m: Good Speed
2mal über 110 m: 80 m im Fresh Swing / 30 m Beschleunigen
40mal Knie-Lift
2mal über 15 m: Power Runs
4mal über 90 m: Shake-ups

2. Tag:
45 Minuten: 25 Trab
15 Minuten: Fresh Swing
2½ Minuten: Good Swing
1½ Minuten: Sprint-Form
1 Minute: Arm-Schwung

3. Tag:
2 Meilen: im Fresh Swing (mit 40prozentiger Leistung)
4mal über 200 m: Widerstandslaufen bergauf (mit 50prozentiger Leistung)
2 Meilen: im Good Swing, bis zu 70prozentiger Leistung
6mal über 110 m: im Good Swing bis zu 70prozentiger Leistung
4mal über 90 m: Shake-ups

Für Frauen

In den letzten Jahren ist viel über die Rolle der Frau in Sport und Leichtathletik geschrieben worden. Auf dem Gebiet des Langstreckenlaufs haben die Frauen beim Marathon einen hohen Leistungsstand erkennen lassen; man vermutete sogar, daß der weibliche Körperbau für Ausdauerleistungen (zumindest relativ) besser geeignet sei als der männliche. Joan Ullyot, ehemals Marathonläuferin von Weltrang und Wissenschaftlerin, die physiologische Veränderungen beim Laufen untersucht, hat die unerwartete Kondition von Frauen schon vor Jahren bestätigt.

Bis zu einem beträchtlichen Grad sind wir alle gleich. Der Wunsch, Zugang zu seinen größeren Fähigkeiten zu finden, kann für jeden wahr werden. Die Unterschiede in den Möglichkeiten, Laufen als Werkzeug zu nutzen, um sich selbst zu finden, sind minimal. Und doch gibt es ein paar biologische, soziologische und psychologische Unterschiede zwischen Mann und Frau, die die Art ihres Zugangs anders gestalten.

Es gilt als erwiesen, daß Frauen eine *größere* Fähigkeit zur Toleranz von Schmerz haben. Der Anteil des Körperfetts am Gesamtgewicht ist bei der Frau bedeutend höher als beim Mann. Hypothetisch gesprochen ist der weibliche Körper besser geeignet, einen Marathon zu laufen oder den Ärmelkanal zu durchschwimmen. Im Wettkampfsport werden wir auf diesem Gebiet in naher Zukunft noch enorme Steigerungen erleben.

Ich sprach mit vielen Frauen, die auf der Junior High School, der Mittelschule, hervorragende Läuferinnen waren, die schnellsten ihrer Klasse mit elf oder zwölf Jahren. Weil aber unsere Gesellschaft so ausgerichtet ist, daß Mädchen von sportlichen Höchstleitungen eher abgehalten werden, gaben viele diesen Bewegungs-Drang auf und steuerten weniger

HAYES VALLEY
TRACK CLUB

ehrgeizige Freizeitbeschäftigungen an. Viele Frauen beherrschen Yoga, können tanzen, Ski fahren oder ein bißchen Tennis spielen. Aber in Schweiß geraten und sich an körperliche Grenzen heranarbeiten – das könnte die Identität und das Bild „verzerren", das frau von sich hat. Ich bin immer überrascht, daß die Energie und der Wunsch, sich körperlich auszudrücken, bei vielen Frauen sofort freigesetzt werden können.

Ich habe die Erfahrung gemacht, daß Frauen sich leicht in mein Trainingssystem hineinfinden. Zu Beginn der Umstellung auf meine Methode geht es viel darum, Distanzen festzusetzen und sich die Möglichkeiten der Bewegung bewußt zu machen. Auch das Aufbrechen der Distanzen in Einzelabschnitte ermöglicht eine fließende Körperhaltung. Wie es scheint, können Frauen leichter in eine Aktion „hineinströmen", als Männer, die oft versuchen, einer Tätigkeit mit voller Kraft beizukommen und am Ende nur einen Muskelwiderstand erzeugen, der die natürliche Energie abbremst.

Etliche Frauen haben gut auf das Training angesprochen. Eine, Marla Connell, kam ganz besonders gut damit zurecht. Nach einem Wochenend-Workshop schrieb ich ihr vier Monate lang alle zwei Wochen spezielle Trainingseinheiten für jeden zu laufenden Tag. Marla antwortete begeistert, daß ihre körperliche Kondition sich jeden Tag verbessere, ihr Laufen leichter würde und mehr Spaß mache. Sie hatte einen Rasenplatz in der Nähe ihres Hauses abgesteckt und in verschiedene Intervalle unterteilt. Als sie später einen meiner Workshops in San Francisco besuchte, beeindruckte sie alle Teilnehmer mit ihrer Ausdauer und ihren Lauftechniken.

Frauen passen sich leichter meinen Laufprogrammen an als die meisten Männer. Dafür gibt es mehrere Gründe. An erster Stelle steht für mich: meine Schrittfolgen und Tempos sind den tänzerischen Bewegungen, die Frauen gewöhnt sind, sehr ähnlich. Bewegungen, die Körperbewußtsein und Detailgenauigkeit erfordern, passen gut zur psychischen Einstellung der Frau. Männer sind darauf gepolt, eine Zeit zu verbessern oder über eine vorgegebene Distanz schneller zu laufen. Die Konzeption des *integralen* Trainings, das ich empfehle, soll Anmut, Durchhaltevermögen und Geschwindigkeit vereinen. Kurzstreckenlaufen in bestimmten Gangarten erzeugt ein Lustgefühl, das als Ergebnis nicht meßbar ist. Die männliche Neigung zu sofortiger Befriedigung und zu Endresultaten versperrt so manche Möglichkeit. Ich habe festgestellt, daß Frauen wegen des trainingsimmanenten Wohlgefühls, das sie empfinden, zufriedener mit dem Laufen weitermachen. Männer erreichen oft das Ziel, verlieren dabei aber das Wesentliche.

Laufen mit „Vollgas", das eine starke Skelettmuskulatur voraussetzt, ist für Körper und Psyche des Mannes besser geeignet. Schlendernd laufen, Trab und leichter Galopp sowie die Techniken der Tide-Atmung werden gewöhnlich von Frauen besser gemeistert. Gangarten, die eher Anmut als Geschwindigkeit oder Stärke erfordern, erlernen Frauen viel leichter. Um ihnen beizubringen, entschiedener zu sein, wende ich in meinen Lehrgängen die Beschleunigungs-Technik, das Vor-Preschen an. Viele Frauen können den Laut im Kehlkopf nicht hervorbringen, der beim Erlernen des „Preschens" so hilfreich ist. Oft laufe ich im Fresh Swing vor einer Frau her und gebe ihr die Anweisung, mir zu folgen und an mir vorbeizupreschen. Dies zu schaffen, ist für eine Frau oft schwierig. In dem Fall lasse ich sie die Prozedur mehrere Male wiederholen, bis der aggressive Instinkt durchbricht. Dann jedoch wird das Preschen zu einem Mittel der eigenen Weiterentwicklung.

Igloi hatte Sportlerinnen während der Menstruation mit dem Training fast völlig aufhören lassen. Wie mir Frauen sagten, die ich trainierte, ist das unnötig. Viele Frauen wünschten sich allerdings bessere Einrichtungen in den Umkleideräumen der städtischen Freizeitgelände, denn auf die Laufareale von Schulen oder selbst von Vereinen zu gelangen, ist problematisch: Zäune halten die Menschen fern.

Bewegung, Belastung – Herz

Wer sich ein paar Jahre lang nicht regelmäßig bewegt hat, wird beim Neubeginn nicht ganz ohne Schmerzen abkommen. Die meisten Leute schenken diesen Aspekten einer Umstellung des Körpers keine Beachtung, fürchten aber, daß ihr Herz bei einer abrupten Veränderung nicht mitmacht. Wie kann man sichergehen, daß man sich beim Start in ein Übungsprogramm nicht in gefährliche Situationen manövriert? Um die Wahrheit zu sagen: Ein Risiko besteht sehr wohl, gleichwohl treibt die Aussicht auf ein gesundes Leben die meisten doch dazu, ein Fitneßprogramm auszuprobieren. Es gibt aber auch Mittel und Wege, die eigene Fähigkeit und Eignung vorher zu ermitteln.

Wer bei mir trainieren will, wird nachdrücklich dazu angehalten, sich einem Belastungstest zu unterziehen, das betrifft besonders Teilnehmer, in deren Familie Herzerkrankungen vorgekommen sind. Am gebräuchlichsten sind Belastungstests, bei denen ein „Tretwerk" oder Fahrrad (Hometrainer) mit einem normalen Elektrokardiographen verbunden wird, der die elektrischen Signale der Energieleistung des Herzens mißt. Beim Tretwerk beispielsweise werden die Geschwindigkeit des Laufbands und der Neigungswinkel nach vorher gewählten Quoten alle paar Minuten vergrößert; dadurch steigt der Sauerstoffbedarf des Körpers immer weiter an, und das Herz muß immer mehr sauerstoffreiches Blut ins Gewebe pumpen.

Einige Menschen haben aber auch ihre Erfahrung mit „falsch positiv" gemacht. Das heißt: Auf dem Elektrokardiogramm ist zwar abzulesen, daß das Herz eines Patienten unter Belastung nicht sein Leistungsmaximum erreicht, Röntgenaufnahmen zeigen jedoch keine Beschädigung oder Erkrankung der Herzkranzarterien. Ein amerikanischer Spezialist erklärt dazu jedoch: „Ich befürchte, daß aus diesen ‚falsch Positiven' Herzkrüppel werden, Menschen, die Angst haben, auch nur irgend etwas zu tun und dafür nicht die geringste Veranlassung haben."

Eine Alternative zum gewöhnlichen Elektrokardiogramm ist die Arteriographie. Bei dieser Untersuchung wird ein Kontrastmittel über ein Röhrchen in einem Hauptblutgefäß des Arms in Herz- und Kranzgefäße eingespritzt. Röntgenaufnahmen zeigen dann, wo die Kranzgefäße mit fettähnlichen Substanzen blockiert sind: ob Ansätze zu einer Arteriosklerose zu finden sind.

Instinktiv kann ich ziemlich sicher beurteilen, ob eine Person sich beim Laufen überanstrengt. Sicherste Zeichen sind nicht nachlassender Schmerz und Müdigkeit, und eine Atmung, die sich nach angemessener Erholungszeit nicht wieder normalisiert. Ich prüfe Leute bei unterschiedlichen Bewegungsstufen und beobachte ihre Reaktionen. Bevor sich der muskuläre Zustand nicht deutlich verbessert, setze ich niemanden starken Belastungen aus. Mit dieser allmählichen Steigerung von Training und Technikvermittlung kann ich den einzelnen, bevor er körperliche Strapazen auf sich nimmt, gut im Auge behalten. Die meisten Untersuchungen zeigen zudem, daß Menschen, die beim Jogging, oder kurz nachdem sie einen Sport angefangen haben, einen Herzanfall erlitten, mit noch größerer Wahrscheinlichkeit erkrankt wären, wenn sie keinen Sport getrieben hätten.

Kapitel 4

Der Sportler der Zukunft

Wird die Leichtathletik in späteren Generationen den gleichen Stellenwert haben wie heute? Vermutlich nicht. Ich habe meine ganz persönliche Ansicht über die Zukunft der Leichtathletik. Es wird eine stattliche Reihe neuer Methoden, Einstellungen und Annäherungsweisen an den Sport geben und eine neue Betrachtungsweise von Geist und Körper. Leichtathletik ist immer eine Prüfung des ganzen Charakters gewesen, künftig aber werden Trainer, Lehrer und Athleten sich zutiefst darüber im klaren sein, daß die besten Sportler und Mannschaften ausgewogene Persönlichkeiten sein müssen, die sich ganzheitlich entwickeln. Es wird eine neue Sensibilität dafür entstehen, wie wir unser ganzes Selbst ins Spiel bringen.

Die Sportler der Zukunft werden sich damit befassen, physische und psychische Erfahrungen aufeinander abzustimmen. In diesem Zusammenhang wird sich eine neue Sprache entwickeln, die die verschiedenartigen außergewöhnlichen Vorkommnisse besser beschreibt. Sportjournalisten werden sich eines über die Personen hinausgehenden Vokabulars bedienen, während die bisherige Zurückhaltung der Sportler gegenüber der Forschung sich in Begierde verwandeln wird, an den neuesten Trainingsmethoden teilzuhaben. Der Sprache für das Weltall ähnlich, die nach dem ersten Flug eines

Sputniks aufkam, werden die neuartigen mentalen Konzepte als gültige Betandteile des Sports anerkannt werden.

Ein Sportler der Zukunft, beispielsweise ein Läufer, wird dem Stil der Fortbewegung die gleiche Aufmerksamkeit widmen wie der Geschwindigkeit und den zurückzulegenden Distanzen. Bislang kaum bekannte Disziplinen wie „Rolfing" und „Strukturelle Integration" werden dem Sportler helfen, seinen Körper wieder so zu entwickeln, daß er sich reibungslos, rhythmisch bewegt. Die Kenntnis darüber, *wie* der Körper sich bewegt, erweitert den sportlichen Akt um das Ich-Bewußtsein.

Östliche und westliche Philosophien werden sich in einer Mischung der Disziplinen vereinigen, und die großen Sportler wird man auch als geist-volle Helden anerkennen. Gerade in der Leichtathletik wird das Ego in den Vordergrund rücken müssen. Aura und Energiefelder, das menschliche Biofeld um unsere Körper, kommt ins Spiel. Vor der sportlichen Betätigung wird der Athlet womöglich Rituale der Konzentration und Visualisierungs-Übungen ausführen. Ahnen, Fühlen, Denken und Empfinden werden die Aspekte sein, die er im Sport integriert. Mit dieser Struktur wird die Leichtathletik ein Mittel zur Selbsterkenntnis. Bald schon wird man nach den Ergebnissen der Fußballspiele am Samstag von stundenlangen Sessions mit Musik, Übungen und Suggestionen hören, nach denen das Team mit erweitertem Bewußtsein wieder aus dem Umkleideraum auftaucht.

Man wird versuchen, den Zugang in diese psychische Welt und die Methoden dafür zu modernisieren, aber man wird auch zu der Erkenntnis kommen, daß die Wurzeln der Leichtathletik tief reichen und daß Verbesserungen und Reformen wichtig sind. Natürliche Prinzipien werden anstelle der vorgefertigten Rezepte wiedererscheinen – Kinder lernen anders zu laufen, so daß sie so schnell wie Kätzchen sind und wie Pferde und Hunde galoppieren. Auf der Entspannung wird

31

wieder der Schwerpunkt liegen. Methoden wie die Feldenkrais-Übungen, die die starren Muster zwischen Geist und Körper aufbrechen, werden uns die Notwendigkeit spüren lassen, für bestimmte Bewegungen auch bestimmte Muskeln einzusetzen. Im entspannten Zustand werden wir erkennen können, welche Widerstände sich einer fließenden Bewegung entgegenstellen.

Der Geist mit all seinen Verästelungen in der Innenwelt wird in körperliche Leistungen einbezogen. Die in der Stille zu findende Wahrheit wird auf die sportliche Handlung übertragen. Bilder wie das von Arthur Ashe, der als erster beim Wimbledon-Turnier zwischen den Sätzen meditierte, oder jenes von Zehnkampf-Weltrekordler Bruce Jenner, der den Wettkampf im vorhinein durchlebt und von seinen Plänen träumt, werden die sportliche Vorbereitung prägen.

Der Sportler wird zum Teil wie ein Tänzer trainieren, jedes Band strecken und jedes Gelenk zur äußersten Biegsamkeit bringen. Er wird den Körper mit Hanteln und anderen Geräten stählen, ganz genau dafür sorgen, daß die Muskeln gekräftigt werden, und auch wissen, warum und zu welchem Zweck das geschieht. Bessere Kenntnisse in Anatomie und den Arten und Möglichkeiten der Körperbewegung werden zu einem veränderten Verständnis von sportlicher Tätigkeit führen, das nicht ausschließlich auf Sekundenbruchteilen und Distanzen beruht, sondern sich auf die Körperprozesse einstellt, die ein intensiveres Bewußtsein ermöglichen. Neue Trainingsmethoden werden Übungen zur Skelettmuskulatur, Bewußtsein der Innenwelt und präzisere Empfindungen von Bewegung, Kinästhesie vereinigen. Mit diesen neuen Disziplinen werden außergewöhnliche Kräfte freigesetzt, die durch die bisherige Trainingsarbeit nicht zu erreichen waren. Die Orte, an die eine solche Reise führt, mögen nicht ungefährlich sein; doch wird es auch die Einsicht geben, daß wirkliches Abenteuer oft Mut zum freien Fall bedeutet.

Es geht hier nicht darum, den neuen Weg zu etwas Heiligem zu verklären; wir sollten uns nur darüber klarwerden, daß die Leichtathletik bisher in einer Eiszeit gelehrt wurde und wir nun eine Renaissance anstreben. Das Wissen früherer Einzeltrainer ist wichtig, die Flut an Informationen aber wird für den geistigen und körperlichen Erfolg die Zusammenarbeit mehrerer Betreuerteams erfordern. Polaritätsmassage, eine Stunde Meditation mit gelenkter Phantasie und eine Reihe von Feldenkrais-Übungen werden die gar nicht ungewöhnlichen Bestandteile eines Trainingstages für einen Sportler sein. In Verbindung mit dem Training oder außerhalb der Saison wird er sich vielleicht mit strukturaler Integration und Bioenergetik eingehend befassen, sich einer Gruppe zur Erforschung zwischenmenschlicher Beziehungen anschließen, Aikido oder T'ai Chi Chuan studieren. Der Schwerpunkt liegt dabei auf der Vorbereitung der ganzen Persönlichkeit. Die hervorragende Leistung in einem bestimmten Sport oder Spiel ist dann ein Nebenprodukt.

Bei Schul-, Club- und Profi-Mannschaften liegt das Hauptgewicht nicht mehr ausschließlich auf dem Physischen, auch Philosophie und Geisteswissenschaften greifen ein. Körperertüchtigung wird von innen heraus wie von außen gelehrt.

Eine bedeutende Rolle wird der Ernährung zukommen. Wir werden nicht nur lernen, welche Nahrungsmittel am gesündesten sind, sondern auch, was konsumiert werden sollte in Zeiten erhöhter Aktivität, kurz vor einer körperlichen Anstrengung oder wenn der Körper der Erholung bedarf. Russische Forscher entdeckten, daß eine Leistungsmaximierung durch erhöhte Kohlenhydratzufuhr wenige Tage vor einem Wettkampf zu erreichen ist. Tabletten und Aufputschmittel werden als Leistungs-Krücken nicht mehr gebraucht. Die durch solche Einflüsse herbeigeführten Veränderungen berauben uns unserer eigenen Ressourcen.

Schließlich – und das ist nicht nur so dahingesagt – wird bei Sportereignissen ein anderes Feeling herrschen. Sie bleiben ernsthaft, werden aber fröhlicher. Die alten Begriffe von Überlegenheit und Vorherrschaft verschwinden in der Versenkung. Wer sich auf einen Wettkampf vorbereitet hat, betrachtet ihn als den Tag, an dem man gemeinsam etwas Besonderes erlebt. Das intensive Training wird als vorbereitender Ritus auf eine Reise in die physisch-spirituelle Welt angesehen. Und wir werden ein gewisses Gespür dafür bekommen, daß unser Körper wohl uns gehört, aber auch Teil eines riesigen ökologischen Einklangs sein mag, und daß wir uns mit jedem Ritus unsererem größeren Potential weiter nähern.

Kapitel 5

Die Innere Dimension des Laufens

Die Gedanken eines Läufers sind ein treibender Bewußtseinsstrom, oft ohne formalisierte Denkmuster. Die vielgestellte Frage: „Warum läufst du?" ist aufs engste damit verknüpft. Wenn ein Läufer seine Begeisterung für das Laufen darzulegen versucht, fehlt der Erklärung das eigentlich Wesentliche, das er im wortlosen Akt des Laufens entdeckte.

Während eines Laufs über mehrere Meilen gehen einem viele Gedanken durch den Kopf. Je besser jemand in Form ist, um so weniger Zeit benötigt er zur Konzentration auf die körperliche Aktivität, um so mehr hat er die Möglichkeit zur Transzendenz. Bei optimaler Fitneß sind veränderte Bewußtseinszustände möglich. Wenn du in hervorragender Kondition bist und ganz frei läufst, ähnelt dein Geisteszustand in gewisser Hinsicht der psychischen Situation, die durch Meditation erreicht wird.

Beim Laufen kann man erhöhtes Bewußtsein dadurch erzielen, daß man Meditationspraktiken mit körperlicher Aktivität verbindet. Die innere Glut, in die der Körper beim Laufen gerät, verleiht den Gedanken einen ganz besonderen touch. Doch die Ablenkung durch die Umgebung und körperliche Ermüdung fordern ihren Anteil am Bewußtsein. Die

Stille in der Meditation ist gelassener, aber ein wenig von diesem Bewußtsein kann beim Laufen auf den Körper übertragen werden. Das Ziel ist, die Lücke zwischen den Bewußtseinszuständen, die in der Meditation erreicht werden, und der Realität des Laufens zu schließen.

Meditation ist eine uralte Kunst. Die durch sie ausgelösten Zustände werden nach verschiedenen Gruppen geordnet. Im *Bhavamukha*, zum Beispiel, erfährt der Geist die Grenzbereiche zwischen dem Absoluten und dem Relativen. *Bhava samadhi* dagegen ist eine Ekstase, in der der Jünger sein Ego zurückhält und den Genuß der Vereinigung mit einem persönlichen Gott erlebt. Im *Nirvikalpa samadhi* verschwinden alle Unterschiede, einschließlich der Empfindung eines gesonderten Ego. Ich erwähne das nur, um einmal die mögliche Vielfalt menschlichen Bewußtseins aufzuzeigen. Die Bewußtseinszustände beim Laufen könnten ähnlich mannigfaltig sein. Zur Zeit freilich verfügen Sportler weder über die Sprache, mit der sie die Reichhaltigkeit ihrer inneren Erfahrungen angemessen beschreiben könnten, noch beschreiten sie die nötigen Wege, die diesen Reichtum ganz zum Vorschein bringen.

Im traditionellen Mystizismus wird der Körper als *Maja* angesehen, eine Illusion, aus der wir Befreiung finden müssen. Einige Seher, wie Sri Aurobindo, glaubten, daß die transzendentalsten Geisteskräfte, die er *Supermind* nannte, in den Körper hinuntergebracht werden könnten. Dieser moderne indische Mystiker nimmt an, daß auf jener Stufe des Daseins, die eintritt, wenn Geist und Körper in ihren optimalen Fähigkeiten aufgehen, eine echte Veränderung möglich sei.

Und wirklich gibt es Vorfälle, die zu diesen Visionen Bezug haben. Die *lung gom*-Geher in Tibet laufen im Trancezustand, den sie hauptsächlich durch Meditation erreichen, Hunderte von Meilen. Und Carlos Castañeda beschreibt den

ESALEN

„Schritt der Kraft", den der Yaqui-Indianer Don Juan ausführen konnte und der es ihm ermöglichte, nachts im Wald zu sprinten. Wer weiß, welche Bewußtseinszustände bei einem Meilenlauf in 3:47 Minuten erreicht werden? Oder bei einem Marathon, dessen Kilometer-Schnitt unter 3:00 Minuten liegt?

In der Eile des Laufens vergessen wir, daß die innere Welt unsere Erlösung sein kann. Manchmal erfüllt uns tiefe Freude nach einem langen, schönen Lauf, der noch vollkommener wird, wenn wir in uns gehen und so unsere Befriedigung noch bestätigen. Eine für mich wichtige Erkenntnis war, daß mein inneres Wesen nicht notwendigerweise mit meinem Körper in Beziehung stehen muß. Jeder Tag kann eine veränderte psychische Erfahrung wie auch eine andere körperliche Präsenz hervorbringen. Es dauerte lange, bis mir das klargeworden war.

In Eugene, Oregon, der Hauptstadt des Laufens in den Vereinigten Staaten, stieß ich eines Tages auf eine neue Bedeutung. Meine Beine waren schwer, die Sehnen schmerzten. Vom Laufen verfiel ich schließlich ins Gehen, setzte mich unter einen Baum, schloß die Augen und ging in mich. Ich saß da wie ein Klotz, wie eine Betonplatte, mit untergeschlagenen Beinen. In der folgenden Nacht träumte mir, ich liefe in einer vertrauten Gegend, umgeben von prächtigen Büchern, und Privatlehrer wäre mein alter Lieblingstrainer. Doch die Szene spielte im Gefängnis. Das mag etwas mit dem Eindruck zu tun haben, im eigenen Körper gefangen zu sein, sobald eine Verletzung alles andere Bestehende niederzwingt. Wenn es mir gelänge, zu einem tieferen Kern meines Wesens vorzudringen, könnte dann jenes Bewußtsein des gesamten Seins einsetzen? Ist es so, daß der ausgebrannte Sportler sein körperliches Sein nicht manipulieren kann, weil er sich der inneren Prozesse nicht bewußt ist?

Die Innenwelt stellt sowohl für den Athleten wie für jenen,

der höchste Gesundheit anstrebt, eine Erlösung dar. Bei einer Reise ins Innere verlangsamen sich die Gedanken und machen Platz für Gleichgewicht, Gelassenheit, Selbsterkenntnis; das Bewußtsein der Innenwelt kann Perfektion bedeuten. Körperliche Verbesserung ist nur ein Kriterium für die persönliche Weiterentwicklung und das optimale feeling. Geistiges Bewußtsein und spirituelles Training sind zum Aufbau einer sportlichen Synthese ebenso wichtig wie die Zeiten eines Läufers.

Will man den Gebrauch der Übungen ausweiten, die geistige Aspekte einbeziehen, sind Techniken der Visualisierung gefordert, die das natürliche Bewußtsein beim Laufen reichhaltiger gestalten. Diese mentalen Techniken könnten für den Konditionsaufbau genauso elementar sein wie körperliche Aktivität. Anfangen kann man mit fünf Minuten der Kontemplation am Morgen und am Abend. Setze oder lege dich an einem ruhigen Ort nieder, schließe die Augen und erlaube den Gedanken, die sich einstellen, durch das Gehirn zu fließen. Bleib lieber Zeuge denn Besitzer dieser Bilder und nimm wahr, wie sich die Innenwelt entkleidet.

Diszipliniertes Laufen ist per se eine Art der Meditation – ohne Hinzufügen irgendeiner speziellen geistigen Übung. Wer seine Aufmerksamkeit aber dem geistigen Aspekt bewußt schenkt, der kann das Erlebnis vertiefen und erweitern.

Hier nun einige Meditationsübungen:
Setze dich an eine Stelle nahe der Laufstrecke, mit geschlossenen Augen (oder nur so weit geöffnet, daß dein Blick lediglich auf den Boden davor fällt), und zähle einfach deine Atemzüge. Forciere die Atmung nicht, atme einfach. Wenn du zehnmal ausgeatmet hast, fange wieder von vorn an, bis zehn zu zählen. Mache das 15 oder 20 Minuten lang. Wenn die Gedanken schweifen und du einen Atemzug verpaßt, fange von vorn an. Laß dich nicht dadurch entmutigen, daß

die Gedanken abschweifen; bleibe bei der Übung und beobachte was geschieht.

Gehe nun los, aber behalte das gleiche konzentrierte Bewußtsein bei. Konzentriere dich auf das Gefühl der Fußsohlen oder auf den Boden direkt vor dir. Laufe nach ein oder zwei Minuten im Shuffle-Trab oder Fresh Swing an, wobei die Aufmerksamkeit auf deine Füße oder den Boden gerichtet bleibt. Wenn Gedanken sich dazwischendrängen, kehre auf die erste Stelle der Konzentration zurück.

Man kann auch damit experimentieren, das Bewußtsein anderswo ansetzen zu lassen, beispielsweise an dem Gefühl für Gangart oder Tempo, oder an einem Punkt der Anspannung im Körper, oder am Strom des Bewußtseins selbst. Wichtig ist nur, daß der Geist der Meditation direkt ins Laufen einfließt. Freilich hat jede geistige Übung gewöhnlich irgendwelche Folgen, das lernst du schnell mit der Praxis. Wenn du dich zum Beispiel auf die Stellen der Verspannung konzentrierst, wirst du vielleicht Emotionen aufdecken, die damit zusammenhängen, oder andere Punkte des Ungleichgewichts aufspüren.

Ich erforsche mein Innenleben seit anderthalb Jahren und beginne, die Lücke zu schließen zwischen dem Bewußtsein, das ich bei der Meditation erreiche, und dem Bewußtsein beim Laufen. Eines Nachmittags saß ich einige Minuten meditierend und ließ meinen Gedanken freien Lauf; ich wußte, ich würde später in einem Zustand höheren Bewußtseins laufen. Aus einem städtischen Mietshaus meinte ich ein italienisches Lied zu hören. Dieser Vorstellung folgten Bilder von den Etruskern, einem antiken Volk in Italien. Gerüche aus dem Haus meines Großvaters kamen hinzu und verschiedene Erinnerungen aus meiner Jugend. Ich lief mit Mike Murphy, einem Freund, los um einen nahen Park. Verschiedentlich wies Mike mich an, die Gedanken abzuschütteln, die mir in den Kopf wollten. Wir liefen viele Runden und erhöhten bei jeder nachfolgenden Runde das Tempo. Als unser Geist „klarer" wurde, liefen wir härter, in fast völliger Selbstvergessenheit, liefen härter und härter, bis unsere Körper uns im Stich ließen. Danach glaubten wir, dahin zu treiben und fühlten uns, als hätten wir zu lange in die Sonne gestarrt. Die Konzentration war so intensiv geworden, daß wir offenbar über unser körperliches Durchhaltevermögen hinaus gelaufen waren. Diese Erfahrung war eine Lektion zum Thema „Kräfte geistigen Bewußtseins".

Eine unserer Workshop-Praktiken sieht folgendermaßen aus: Wir sitzen zwanglos auf dem Rasen und bringen unsere Gedanken zur Ruhe. Es dauert ein paar Minuten, bis wir zum Laufen bereit sind. Dann stehen wir auf, lassen unsere Augen halb geschlossen, laufen zunächst im Swing Tempo und schließen eine Beschleunigung an. Wir kehren noch mehrmals an den Platz der Meditation zurück, um unsere Gedanken zu klären, erheben uns dann wieder und laufen. Auf diese Weise üben wir, das Meditationsbewußtsein näher an das Lauf-Bewußtsein heranzubringen.

Da ich mich der reflexiven Disziplin der Meditation beim Laufen anschließe, finde ich, daß die Philosophie des Sri Ramana Marharshi die Tiefe und Einfachheit besitzt, die eine Geist-Körper-Integration möglich machen. Marharshi, ein moderner Inder, schrieb ein elementares Mittel zur Entfaltung des Selbst vor. Er glaubt, der direkte Weg zum Wissen ist die Frage: „Wer bin ich?" Sie ist ein Mittel, das Physische zu transzendieren. „Wenn ich nicht die fünf Sinnesorgane bin, nämlich die Sinne Hören, Fühlen, Sehen, Schmecken und Riechen, die ihre jeweiligen Objekte erkennen, nämlich den Laut, die Berührung, die Farbe, den Geschmack und den Geruch – dann bin ich nicht; nicht die fünf kognitiven Organe, nämlich die Organe der Sprache, Bewegung, des Verstandes, der Ausscheidung und Fortpflanzung, die als ihre jeweilige Funktion das Sprechen, Bewegen, Begreifen, Aus-

OREGON
ESALEN
SPORTS CENTER
A.A.U.

scheiden und Zeugen haben – dann bin ich nicht; nicht die fünf vitalen Lüfte, Prana etc. die jeweils die fünf Funktionen des Einatmens leisten etc., – dann bin ich nicht; sogar der Verstand, der denkt, bin ich nicht; die Unwissenheit auch, die nur den restlichen Eindrücken der Gegenstände gegeben ist und in der es keine Objekte und keine Funktion gibt, bin ich nicht." Vom notwendigen „Abschütteln" der Gedanken bin ich zur intensiven und tiefgründigen Meditation übergegangen. Meditieren kann man zwischen den Läufen, am Abend nach einem Lauf oder am Tagesanfang. Wenn du in körperlicher Aktivität heilsame Freude suchst – füge die Innere Dimension hinzu, und eine neue Qualität von Körperertüchtigung, Leichtathletik und Sport wird entstehen.

Der Weg zum anderen Bewußtsein

Laufen, mit all seinen verschiedenen Techniken, Tempos und Atmungsmustern, gekoppelt mit Übungen zur Bewußtseinserweiterung, kann ein Mittel sein, unser größeres Selbst zu entdecken. Ich stelle immer wieder fest, daß Durchschnittsbürger genauso wie Superstars spirituelle Elemente berühren, wenn sie es am wenigsten erwarten – etwa wenn sie in der Dämmerung eine Straße hinunterlaufen, sogar auf einer eintönigen Laufbahn. Manchmal wird ein glücklicher Tag durch einen genußreichen Lauf noch verschönt. Ein andermal verkehren sich Depression, Müdigkeit oder einsame Langeweile durchs Laufen in Euphorie. Zum gegenwärtigen Zeitpunkt weiß ich nicht mit Sicherheit, warum sich diese Empfindungen einstellen; auch kenne ich keine Sprache, mit der ich ihr Erscheinen erklären könnte. Doch sind wir dabei, Mittel und Wege aufzufinden, mit deren Hilfe sich solche emotionalen Erlebnisse mit größerer Regelmäßigkeit ereignen.

Atmen und bewußt atmen sind willkürliche und unwillkürliche Körperfunktionen zugleich – zarte oder alles verzehrende Erfahrungen.

Kontrollinstanz beim Laufen ist die Atmung, viele Menschen sind sich ihrer Atemzyklen aber gar nicht bewußt. Wenn die Atmung eingeschränkt ist, wird eine entspannte, flüssige Laufbewegung unmöglich. Bei eingeschränkter Atmung schaukeln die Schultern hin und her, und anstatt lange und beständige Atemzüge zu nehmen, schnappt der Läufer nach Luft. Percy Cerutty lehrte Bewegungen, bei denen das Atmen mit dem Laufen synchronisiert wird. Diese Übereinstimmungen bezeichnete er mit Trab, leichtem und gestrecktem Galopp. Im Alter von 30 Jahren hat man es schwer, diese Bewegungen zu erlernen. Ich bin zur Zeit dabei, diese Gangarten in meine intensivsten Läufe einfließen zu lassen. Immer wenn mir das gelingt, stelle ich fest, daß kontrolliertes Atmen der Hauptfaktor für die Erhaltung meines Stils ist.

Nach dem Laufen stellt tiefes Atmen die Verbindung mit den subtileren Körperenergien her. Sogar wenn an manchen Tagen der Lauf selbst langweilig war, kann man noch im nachhinein durch zurückgerichtetes Bewußtsein Freude daran gewinnen. Um deine Freude und Entspannung noch zu erhöhen, stelle dir vor, wie die Luft durch die Lungen einströmt und beim Ausatmen durch Zehen und Fingerspitzen freigelassen wird.

Meditation: Die Gedanken zum Schweigen bringen, damit das Laufen zu einer Form der Selbsterfahrung wird.
Beim *Zazen* meditieren die Jünger über Stunden in sitzender Versenkung und betrachten den Fluß ihrer Gedanken durchs Gehirn. Manchmal erreicht der Meditierende dabei einen Raum, in dem er ein zeitloses Bewußtsein verspürt. Wenn diese Erkenntnis mit dem Lauf-Bewußtsein verknüpft wird, geschehen erstaunliche Dinge.

Jüngste wissenschaftliche Erkenntnisse zeigen, daß die Milchsäureproduktion im Blut der größte Hemmfaktor für die Muskeltätigkeit ist. Milchsäure wird bei unzureichender Sauerstoffzufuhr aus den Muskeln in die Blutbahn freigesetzt. Wenn wir lernen, wie man die Milchsäure reduzieren kann, werden wir im Sport einen Durchbruch erzielen. „Spektrum der Wissenschaft" veröffentlichte medizinische Berichte, denen zufolge zehn Minuten Meditation den

Milchsäuregehalt im Blut ebenso stark reduzieren wie acht Stunden Tiefschlaf. Im Esalen Sports Center haben wir unserem Laufprogramm Meditationsübungen zwischen den Lauf-„Sätzen" und nach jeder Trainingseinheit hinzugefügt.

Ich experimentiere mit unterschiedlichen Sequenzen, um meditatives Bewußtsein mit dem Laufen zu vermischen. Einmal, bei einem Workshop mit dem Titel „Gruppenlauf und die Urformen des Sports", ließ ich eine Gruppe willkürlich ausgewählter Menschen zum Abschluß einer Sequenz einen Fünfmeilenlauf durch die bergige Gegend nördlich von San Francisco machen.

Am Anfang saßen wir im Kreis und produzierten den Laut *OM*. Während des Workshops fanden wir eine Höhle; Echo und Resonanz dort unterstützten den Gruppenzusammenhalt. 36mal erzeugten wir gemeinsam den *OM*-Laut. Klang und Einatmen vollzogen wir als ein Unisono-Chor. Diesen

Klängen folgte eine stille Meditation, bei der das Objekt der Konzentration die naturgegebenen Gedanken waren, die durchs Gehirn strömen. Dieser Aspekt des Geistes, das Selbst als Zeuge, erlaubt einem Menschen Zugang zu seinem eigenen Denkprozeß. Wenn Gedanken verweilen, jage sie nicht fort, sondern laß dich mitreißen. Manchmal ist es hilfreich, sich einen Eingang und einen Ausgang vorzustellen. Lasse die Gedanken durch den Eingang herein- und dem Ausgang zuströmen. Schließe ein andermal den Ausgang, so daß sich die Gedanken anstauen. Öffne den Ausgang und laß die Gedanken hinaussprudeln.

Wir gingen dann in einem kleinen Kreis, rollten bei jedem Beinschwung von der Ferse bis zum Zeh ab und stellten so als erstes Anmut und Gleichmaß her. Als der Kreis fertig war, rotteten wir uns zum Rudel zusammen, fingen zusammen einen „Shuffle" an und stellten uns vor, wir wären eine Ur-Bande. Der Schrittmacher war ich, das Schlußlicht bildete ein Helfer, als Hüter der Schafherde, gewissermaßen. Das Reden sollte auf ein Minimum beschränkt bleiben, um den in der Meditation gewonnenen Bewußtseinszustand zu erhalten. Manchmal hörte die Gruppe sich an wie eine Herde von Pferden; körperliche Fitneß und Gruppensolidarität wurden gemeinsam erarbeitet. Diese Sequenz kann mehrmals am Tag oder während eines Wochenendes wiederholt werden.

Die Phantasie nach Anleitung arbeiten zu lassen, befähigt einen Menschen, sich der inneren Prozesse besser bewußt zu werden und sich selbst so zu sehen, wie er gern wäre. Ein bewährtes Mittel, mit dem man einem Menschen helfen kann, sich selbst zu sehen, ist, ihn in einen tiefen Zustand der Entspannung zu versetzen und ihm positive Bilder anzubieten. Eins meiner liebsten Mittel basiert auf totaler Entspannung. Am Anfang bitte ich den Menschen, Verbindung zu seinem Atemrhythmus herzustellen. Das geschieht, indem man eine Hand auf den Unterleib legt und in die andere Hand atmet. Ausgehend von dieser willentlichen Atmung schließt man die Augen und stellt sich über dem Kopf ein weißes Licht vor, wie einen Glorienschein. Atme ein und ziehe das weiße Licht bis zu den Augen in deinen Körper hinunter. Als nächstes male dir aus, daß du über eine wunderschöne Wiese (gibt's eh nur noch in der Phantasie) gehst, in der ein großer Felsen aufragt. Klettere auf die Spitze des Felsens und entspanne dich: du fühlst dich heiter und gelassen und siehst dich oben auf dem Felsen im hellen warmen Sonnenlicht sitzen. Genieße für einen Augenblick die Sonne auf dem Körper und atme dabei das Licht durch Brust, Unterleib und Becken hinunter in Knie, Knöchel und Füße. Denke deinen Körper jetzt als Stempel und den Boden als Tintenkissen und lasse dich in den Boden sinken. Wenn du an einer bestimmten Stelle des Körpers eine Anspannung verspürst oder in einer Körperregion eine wirkliche oder eingebildete Verletzung hast, ziehe das Licht aus dem „Glorienschein" über deinem Kopf auf die Stelle der Anspannung oder Verletzung. Verlange nicht, daß der Körper sich selbst heile, gib ihm den Platz, seine eigene Gesundheit zu finden. Entspanne dich einfach in der Sonne und atme das Licht in die verschiedenen Regionen deines Körpers.

Flexibilität und Geschmeidigkeit sind wichtig.
Ich neige dazu, Übungen zur Flexibilität zu vernachlässigen, und arbeite gegenwärtig mit zwei Yoga-Lehrern, um auf diesem Gebiet nachzuholen. Als Junge hatte ich eine Abneigung gegen Gymnastik. Es war mir peinlich, daß ich meine Zehen nicht berühren konnte und keine Rolle vorwärts zuwege brachte. Es hat lange gedauert, bis ich erkannte, daß Flexibilität nicht nur verletzungsfreie, flüssige Bewegung ermöglicht, sondern auf den Geist auch einen beruhigenden Einfluß ausübt, der ein paar der intensiveren Lauferfahrungen ausgleicht. Einige Yoga-Bücher, die komplizierte Posen beschreiben, aber über das Wesentliche nichts aussagen, irritieren mich. Die 40 Minuten Yoga, die ich zur Zeit mache, haben Schmerzen und Wunden aus meinem Körper vertrieben. Meine Zehen berühre ich dabei nie, und ich verrenke mich auch nicht zur Brezel, aber meiner Wirbelsäule, meiner Balance, meiner Fähigkeiten bin ich mir bewußter geworden. Die Entwicklung von Flexibilität und Geschmeidigkeit ist extrem wichtig. Jeder muß jedoch für sich selbst entscheiden, wieviel einem klareren Bewußtsein dienlich und wieviel abträglich ist.

31
Post

Eine interessante Methode zur Elastizität wurde von Moshe Feldenkrais entwickelt, einem ehemaligen Physiker und Judo-Meister. Indem er mit den verschiedenen Bewegungsradien seines Kniegelenkes experimentierte, kurierte er selbst seine Knieverletzung. Das führte zur Entwicklung eines Bewegungssystems, das die starren Muster durchbricht, mit denen wir gewöhnlich bei Interaktionen von Geist und Körper arbeiten.

Es gibt Tausende von Feldenkrais-Übungen (Interessierten empfehle ich sein Buch „Bewußtsein durch Bewegung"), eine aber, die der Armdrehung zu einer größeren elastischen Reichweite verhilft, veranschaulicht nach meinem Dafürhalten seine Methode am besten: Strecke den rechten Arm horizontal von der Schulter weg, laß ihn so weit nach rechts zurückschwingen, wie das bequem möglich ist. Markiere die Stelle, die den Flexibilitätsradius angibt, auf der Wand. Schwinge den Arm jetzt erneut so zurück, aber bewege dabei den Kopf nach links. Wiederhole diese Bewegung fünfmal (den Kopf nach links und den Arm nach rechts). Nun füge dieser Bewegung noch ein Element hinzu: nämlich dem Arm mit den Augen nach rechts zu folgen. Führe auch diese Bewegung fünfmal durch (den Arm nach rechts, den Kopf nach links, die Augen nach rechts). Wenn du den Körper dieses für ihn ungewohnte Bewegungsschema ausführen läßt, anschließend den rechten Arm hebt und ihn bequem zurückschwingen läßt, wirst du feststellen, daß der Flexibilitätsradius sich um 20 Prozent verbessert hat. Beim linken Arm und derselben Manier kann man interessanterweise die gleiche Verbesserung des Radius erzielen, wenn man das oben beschriebene Muster mit geschlossenen Augen im Geiste ausführt.

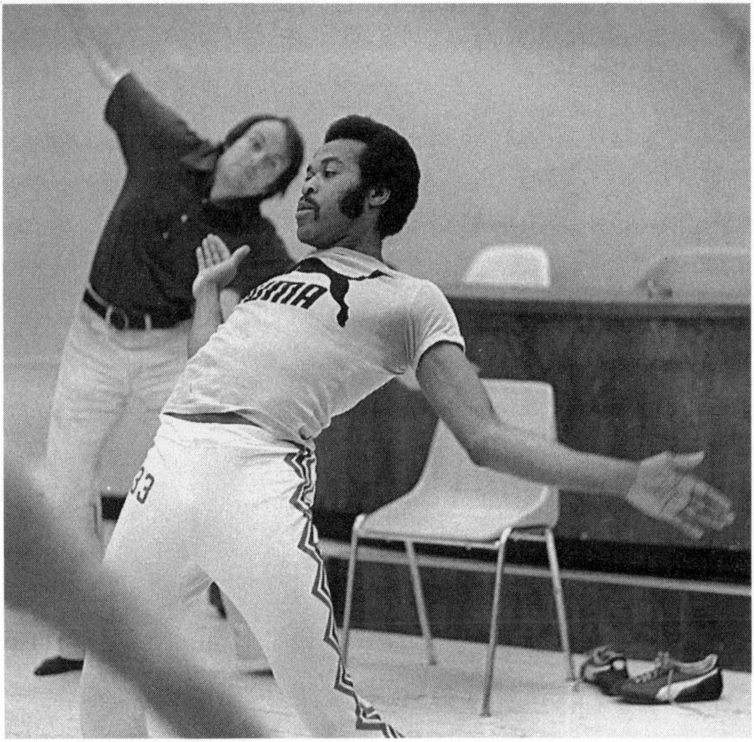

Die Chinesen lehren, daß sich das Zentrum unseres Wesens direkt unterhalb des Bauchnabels befindet.

Mutmaßlich würde ein Gefühl von Freiheit und Harmonie unsere Bewegungen begleiten, wenn sie der Region direkt unterhalb des Nabels entstammten und nicht, wie bei den meisten Abendländern, der Zone gleich hinter den Augen. Bei einer Konferenz der International Track Association in Eugene, Oregon, wurde dem Laufstil von Ben Jipcho besondere Aufmerksamkeit gewidmet, jenem erfolgreichen Kenianer, der vor einigen Jahren fast jedes Profi-Langstreckenrennen gewann. Er schien sich mehr von der Beckenregion als von den Schultern her zu bewegen, seine Bewegung war eher ein Gleiten als ein Ziehen. Ein Körper, der sich aus seiner Mitte heraus bewegt, ist mit sich in Harmonie; Zentrum und konzentrierte Leistung reduzieren den Streß auf ein Minimum.

Will man lernen, sich aus dem Zentrum heraus zu bewegen, gibt es eine empfehlenswerte Übung: Beim langsamen Gehen wird auf einen Punkt wenige Zentimeter unterhalb des Bauchnabels, den *haru chakara*-Punkt, besonderes Bewußtsein gerichtet. Schau in die Ferne und gehe eine nicht festgelegte Strecke weit. Nach einigem Üben wähle einen Partner, der dir seine Hand auf den oberen Brustkorb legt, während du dich beim Gehen auf deinen Mittelpunkt konzentrierst. Hin und wieder leistet dir die Hand des Partners oben auf dem Brustkorb Widerstand. Aber wenn du das Zentrum gefunden hast, kann die Vorwärtsbewegung nicht mehr durch den Widerstand eines anderen diktiert werden. Deine ausbalancierte Energie läßt dich ohne Anstrengung Barrieren überwinden.

Ausbalancieren der Energie ist auch durch Akupunktur möglich.

Zwei Jahre lang litt ich unter Schmerzen im Sartorius-Muskel, der von der Hüfte zur Schienbein-Innenseite verläuft und den Oberschenkel vorn schräg kreuzt. Oft verspürte ich in den Gliedern ein taubes Gefühl, das mir das Aufstehen, ohne eine Körperseite zu bevorzugen, schwermachte. Diese Empfindung kam und ging und machte mir ein durchgehendes Training nahezu unmöglich.

Dann lernte ich Dr. William Brostoff kennen, einen Arzt aus San Francisco, der sich auf Innere Medizin, Psychosomatik und Akupunktur spezialisiert hat. Bei meinem dritten Besuch hatte ich den Eindruck, daß die Nadeln genau im richtigen Muster um die schmerzende Stelle in meinem Knie gesteckt waren. Eine Energie wurde wirbelnd in meinem Bein freigesetzt, der Heilungsprozeß beschleunigte sich, als ob alle Körperenergien auf diese Stelle gerichtet wären. In den nächsten Tagen hatte ich ein viel besseres Gefühl im Knie – eine große Erleichterung, denn ich hatte schon Feldenkrais- und ostheopathische Übungen, Rolfing und Chiropraktiken hinter mich gebracht und trug Einlagen in den Schuhen. All die äußeren Eingriffe halfen nicht so viel wie ein grundlegender Wandel der von mir selbst erzeugten Energie. Gelegentlich macht die Sehne immer noch Schwierigkeiten. Ich weiß jetzt, daß dieses Problem sich oft unter Streß einstellt, bei ungeschickter Überbeanspruchung oder privaten Sorgen. Wenn es wieder auftaucht, gerate ich nicht mehr in Panik. Ich bin jetzt in der Lage, es zu beobachten, mich nicht von ihm unterkriegen zu lassen und aus der Botschaft zu lernen, die es mir übermittelt.

Den physischen Körper in das außerhalb des Fleisches befindliche Selbst transzendieren: in die Aura, die Felder des Prana und die subtilen Energien unseres Seins.

Diese Methode wurde von George Leonard entwickelt, dem Autor des Buches „The Ultimate Athlete" (zu deutsch etwa: Der absolute Sportler), und entspringt seinem Aikido-Training mit Robert Nadeau. Beim Aikido wird viel Zeit für die Suche und Anwendung der *ki*-Energie aufgewandt, jener Kraft, die außerhalb unseres physischen Ichs liegt. Die Existenz dieses menschlichen Biofeldes und seine Übertragung auf Bewegung und Leichtathletik könnte andere noch weiterreichende Experimente und Reformen fördern.

Halte die Hände mit einer Handfläche nach oben und der anderen nach unten im Zentimeterabstand über die Hände eines Partners. Wenn du die Hände nun kreisförmig bewegst, wirst du etwas empfinden, nämlich Hitze, Elektrizität, ein Brennen. Ausgehend von dieser Verbindung ist die Energieübermittlung von einem Menschen zum anderen möglich. Ich ließ meine Läufer ihre Hände auf den Rücken eines anderen legen und ihm die erzeugte Energie übertragen, die bis zum Ende eines Laufs andauert. Was eine weitergehende Anwendung dieser Übertragung für die Vorbereitung auf wichtige Sportereignisse bedeuten könnte, ist ebenso aufregend wie spekulativ.

Zwischenmenschliche Verständigung in bezug auf Leichtathletik, Sport und Spiel.
Bob Kriegel, Mitbegründer und früherer Direktor des Esalen Sports Center, hat ein Zweijahresprojekt ins Leben gerufen, dessen Schwerpunkt auf der Entwicklung der Selbsterkenntnis durch Sport und Spiel liegt. Ich war einer von 16 Teilnehmern an diesem Projekt; wir trafen uns in jedem Sommer für eine Woche und in jedem Monat für ein Wochenende und einen Abend. Zu Beginn unseres Projekts bestand ein Großteil der Arbeit in der Konzentration auf zwischenmenschliche Entwicklungen. Da ich mit gruppendynamischen Prozessen wenig Erfahrung hatte, konnte ich über die Ergebnisse nur staunen, die sich aus dem Zusammenspiel von Volleyball, Ringen, Zentrierungsübungen und neuen Spielformen ergaben.

Am Abend des letzten Tages der einwöchigen Sommer-Sitzung lief ich ein Zweimeilenrennen. Als ich ins Rennen ging, fühlte ich mich deprimiert. Obwohl kein aktiver, sprechender Teilnehmer des Workshops, fühlte ich mich durch das Erlebnis ausgelaugt. Nach der Hälfte des Rennens wandelte sich die Depression in Euphorie. Diese Woche hatte eine Reinigung bewirkt, ein einzigartiger Sinn für Schönheit überkam mich, und ich lief meine schnellsten zwei Meilen seit fünf Jahren.

Freunde bemerkten, wie entspannt ich während des Rennens wirkte. Jahrelang hatte ich versucht, in den entscheidenden Phasen eines Rennens nicht mehr die Schultern bis zu den Ohren hochzuziehen. Ich hatte es mit der Vorstellung versucht, daß an den Ellbogen Gewichte hängen, oder ich mit den vorderen Flügelmuskeln auf- und niederschlage. Während dieses Rennens konnte ich spüren, wie meine Schultern herabfielen und in meine Lungen rhythmisch Luft einströmte. Nicht Technik war es, was meine Schultern unten ließ, sondern ein neues feeling für das Wesentliche.

Die Bedeutung von Gymnastik für das persönliche Wohlbefinden: Programme zur körperlichen Leistungssteigerung als Bestandteil therapeutischer Dienste.
In den meisten Saunas und Turnhallen der Stadt dürfen Männer, Frauen und Kinder nicht gemeinsam üben; aber „Fun Runs", Lauf-Treffs und Freizeitsportplätze offerieren die Benutzung für alle Leistungsstufen. Über örtliche Clubs und Geschäftsstellen, die Zugang zu diesen Einrichtungen vermitteln, bietet sich fachmännischen Beratern die große Chance, dabei Sport mit Therapie zu verbinden.

Ein Aspekt meiner Arbeit als Fitneß-Berater ist die Entwicklung von Laufprogrammen für eine ganze Familie. Arthur Deikman, ein Psychiater aus San Francisco, begeisterte sich über einen Freund für das Laufen und fing mit 45 Jahren gleichfalls damit an. Wir trafen uns zu Workouts, bis auch bei seiner Frau und seinen beiden Töchtern schließlich das Interesse erwachte. Bald unterrichtete ich jeden einzelnen persönlich, und als Gruppe und Familie hat sich die Begeisterung noch gesteigert. Die Ehefrau machte vor kurzem bis in die tiefe Nacht beim Square Dance mit – zum erstenmal wieder seit 15 Jahren. Eine Tochter hat so große Fortschritte gemacht, daß sie dem Querfeldein-Team ihrer High School beitreten könnte, wenn sie wollte. Die Schwester kann nun, ohne zu ermüden, Modern Dance praktizieren. Und Arthur zählte bald zu den besseren 800-m-Läufern Nordkaliforniens in der Klasse über 45 Jahren. *Alter ist kein Hinderungsgrund.*

Vor wenigen Jahren, an seinem 60. Geburtstag, schwamm Jack La Lanne, an Händen und Füßen gefesselt, von der Insel Alcatraz zum Festland – das ist etwa eine Meile – und zog dabei ein 1000 Pfund schweres Boot. Sein Ziel war, die Zeit zu verbessern, die er ein paar Jahre zuvor aufgestellt hatte. Percy Cerutty konnte seine Rückkehr nach Australien kaum abwarten, als er im Sommer 1974 bei mir wohnte. All die Schulungen und Vortragsverpflichtungen hatten ihn ein wenig außer Form gebracht. Er wollte nach Portsea, Australien, zurück und sehen, wie schnell er die Meile laufen konnte. Da war er 80. Richard Marsh ist ein 62jähriger Professor für Kreative Kunst an der San Francisco State University. Während der vergangenen acht Monate habe ich sein Yoga- und Gewicht-Training durch Laufprogramme ergänzt. Beim diesjährigen Geh- und Laufwettbewerb über die berühmte 7,8 Meilen lange Bay-to-Breaker-Strecke (von der San Francisco Bay bis zum Pazifik) verbesserte er sein Vorjahresergebnis. Mit 44 Jahren lief mein Freund Michael Murphy die Meile schneller als mit 43, und mit 45 war er wiederum schneller als mit 44.

Diese Beispiele – und es gibt noch Hunderte ähnlicher – beweisen: Es ist nie zu spät, die körperlichen Fähigkeiten auszubauen, zu steigern oder wiederherzustellen.

ESALEN
A.A.U.

In diesem Kapitel habe ich versucht, einen breiten Überblick über einige der Disziplinen anzudeuten, die – kombiniert mit dem Erlebnis des Laufens – als Mittel, sich selbst zu finden eingesetzt werden können. Man kann nicht vorhersagen, wann jemand die Erfahrung eines veränderten Bewußtseinszustands macht. Manchmal geschieht es durch beharrlichen Eifer, manchmal ganz zufällig. Vielleicht wird jene Fallschirmspringerin nie wieder Engel sehen, wie einmal, als sie im Aufwind segelte. Und wird mein Bekannter David Meggyesy jemals wieder Spiele vorhersehen können wie damals, als er bei einem Profi-Fußballspiel am Kopf getroffen wurde? Mein tiefgründigstes Lauferlebnis hatte ich vor neun Jahren während eines Sechsmeilenrennens auf dem Lande außerhalb von Syracuse, New York. Wird mein gegenwärtiges Engagement in den bodymind-Disziplinen mir ähnliche Erfahrungen versprechen? Ich glaube, nein. Andererseits konnte Uyeshiba, der Begründer des Aikido, gleichzeitig an zwei Orten körperlich anwesend sein: Biolokation. In einem Filmstreifen, an dem – wie Verehrer beschwören – nicht manipuliert wurde, sieht man ihn sich im Bruchteil einer Sekunde über viele Meter hinweg bewegen. Percy Cerutty konnte einen Sportler vor einem Weltrekordversuch in Trance versetzen. Diese „Kräfte" erwuchsen aus einem Leben, das dem besonderen Gebrauch der Selbsterkenntnis gewidmet war.

Jedesmal wenn ich jemanden zum Laufen bekehre, hoffe ich fast, daß er sein Ziel zu begrenzen lernt. Denn wenn er das nicht tut, wenn das Laufen ein Teil von ihm wird, gibt es kein Zurück mehr, und die Lebensphilosophie, die ich ums Laufen aufgebaut habe, beginnt bei ihm genauso zu greifen. Natürlich wird es auch weiterhin viele freudige Augenblicke geben, immer wird da aber das Streben nach dem äußersten Höhepunkt sein und das Wissen, daß er nicht oft erreicht wird.

Einer meiner Freunde hat diese Grenze überschritten. Ich

kann mich selbst sehen, wie ich zu ihm spreche, ihm alles sage, so daß ich ganz sicher weiß, er wird bereit sein, wenn dieser Augenblick des höchsten Erfolgs gekommen ist. Ich stelle mir den Start vor, bevor er eine Fünfminutenmeile rennen wird. Und wegen der vielen Stunden des Überlegens, die ich investiert habe, werde ich eifersüchtig, wenn er an etwas anderes denkt. So warten wir auf den Augenblick der Erleuchtung – wo alles klar wird. Was könnten wir anderes tun? Die Ekstase, die weit entfernt ist von den Blasen, der heißen Sonne und der Atemnot, kann dich nicht vor den vielen Meilen bewahren, die noch vor dir liegen. Du bist gefangen in deinem irdischen Körper, der nur wenige Wege in die Erlösung und Erleuchtung kennt. Diese Ekstase, wenn du tiefer vordringst. Und alles scheint so natürlich. Die Welt muß nur betrachtet werden, und du bist der Beobachter, der noch nicht einmal urteilen muß. Aber all die hochfliegenden Ideale retten dich nicht vor dem Martyrium, das vor dir liegt. Nur diese magischen Momente bringen dich hindurch; weil wir ja alle an unseren eigenen Mythos glauben, all die Geschichten glauben, die wir uns selbst jahrelang erzählt haben. Vielleicht findest du einen solchen Augenblick: die Sonne geht gerade unter, Nebel steigen herauf, und du läufst vielleicht gerade mit dem Menschen, der dir das richtige Feeling gibt, und der Boden ist eben und schnell. Du kennst die Anspannung und erlebst jetzt die Freiheit. Es gibt nur dich und deinen Gefährten, und es ist beinahe absurd, wie wichtig du das alles nimmst. Aber wenn das nicht wichtig ist – was sonst?

„Freiwillig 100“

Reportage von Rudi Holzberger

Die lange Nacht von Biel: Laufen bis dir der Morgen graut

Dämmerung über dem Fahrerlager. Drückende Ruhe in den Boxen. Langsam schlurfen Gestalten zwischen Fahrzeugen und Zelten hindurch. Eine unwirkliche Szenerie, hier am Stadtrand der schweizerischen Stadt Biel, direkt neben einer breiten Einfallstraße, auf der trotz später Stunde die Autos unvermindert schnell hereinrauschen und offensichtlich wenig im Sinn haben mit der Geschwindigkeitsbegrenzung. Da sind wir andere Kerle: Wir halten uns an das Motto „Freiwillig 100“ – ohne Auto. Auf Schusters Rappen wollen wir es angehen oder besser anlaufen, und mehr als ein Schnitt von 14 Sachen ist allenfalls für eine Handvoll der 4000 hier Versammelten drin. Die andern rollen gemächlicher, denken nicht an Tempo oder Plazierung, sie wollen nur die 100 vollmachen, und wenn es 24 Stunden dauert. Dann ist das Ziel dicht.

100 Kilometer, ich verdränge den Gedanken, während ich umherschlendere und nach bekannten Gesichtern luge. Aber Gespräche gestalten sich schwierig, nur von außen stimmt die Fahrerlager-Atmosphäre, mittendrin fehlt der Krach, die

Ölgerüche sind von anderer Marke, sollen nicht heiße Motoren schmieren, sondern gegen müde Muskeln schützen. Jede Hektik fehlt: Unendlich langsam bewegen sich die Figuren über die Wiese, Menschen jeden Alters, bunt gemischt und vielfarbig – in Sportdreß oder militärischem Kampfanzug, pennen auf Liegen oder im Fond des Wagens, scheinen in Meditation versunken oder mampfen stoisch Essensbrocken vor sich hin. Am Rande hantieren Betreuer an ihren Fahrrädern, wägen ab, was sie alles mitnehmen sollen auf die Fahrt.

Ist es die Angst, die sie so still macht? Der unerträgliche Gedanke an die kommende endlose Belastung, die Last des langen Laufs? Angst oder Respekt oder Ehrfurcht gar, Konzentration auf eine Nacht ohne Schlaf, auf den Kampf, so weit die Füße tragen, einen Kampf ohne Gegner, ein nächtliches Schattenboxen mit einem ewig flüchtigen Ziel, stundenlange Hatz auf eine Fata Morgana. Alle sind gebannt, niemand gibt sich so locker-lässig wie vor einem kurzen Rennen, selbst vor einem Marathon. Nein, 100 Kilometer freiwillig laufen, ist eine ganz andere Sache, erfordert fast einen anderen Charakter. Es gibt keine schnelle Entscheidung, man muß den Dingen ihren Lauf lassen, passiv bleiben, dahintreiben, eins werden mit der Nacht, Körper und Geist entspannen – die hohe Kunst des Abwartens paßt nicht zu uns aktiven, ungeduldigen Sportlern jüngeren Jahrgangs. Nicht umsonst hatten in Biel bisher noch immer Läufer älteren Kalibers die Nase vorn. Sie rennen nicht blindlings mit hohem speed drauflos, traumwandlerisch konstant halten sie ihr Tempo. Wissenschaftlich trocken formuliert das ein Schweizer Sportlehrer in seiner Diplomarbeit: „Die jüngste Gruppe ist die Aufgabegruppe, die älteste Gruppe die Spitzengruppe – im Durchhalten –, die zweitjüngste Gruppe gleichzeitig die zweitschnellste. Mit zunehmendem Alter wird der Mensch ‚härter', er übersteht solche Läufe besser, sein Organismus

‚läuft' vielleicht weniger spritzig, dafür sehr lange mit der gleich hohen Tourenzahl. Der Gesamtdurchschnitt beträgt 39 Jahre." Kurz und gut, ich bin ein Greenhorn, mit 29 noch zu jung.

Mit Siegerambitionen im Kopf

Und ich will gewinnen. Ich gestehe es. Nie würde ich es jetzt laut zugeben, aber ich denke dran. Voriges Jahr war ich zwar nach Hälfte der Distanz, von einer Krankheit geschwächt, bereits am Ende und stieg entkräftet und entgeistert aus, aber heuer bin ich vorbereitet. Rein rechnerisch sind die Siegerzeiten nicht das Problem, das habe ich allemal drauf, siegen wird die Einstellung, der Wille, die in der Anstrengung noch gelöste Kraft. Verbissene Zähigkeit ist zu wenig – wer 100 Kilometer nicht nur laufen, sondern gewinnen, die Strecke in weniger als sieben Stunden zurücklegen will, sich für jede 1000 Meter also nur vier Minuten Zeit lassen kann, der muß eine Psyche wie ein Fakir haben, muß wie jener von Wissenschaftlern untersuchte indische Yogi intensiv an Narzissen denken, während er sich einen Stahlstift durch die Muskeln bohrt. Das rührt an die „Traumzeit", jenen Zaun zwischen Wildnis und Zivilisation, den der ebenso denkstarke wie ausgeflippte Hans-Peter Duerr, der anarchistische Prophet der Kraft des Irrationalen, so hautnah beschrieben hat. Schmerzen souverän mißachten – beim Experiment des Yogi mußten die verblüfften Wissenschaftler mit all ihren Apparaturen zur Kenntnis nehmen, daß die biologischen Schmerz-Indikatoren einfach nicht ausschlugen, obwohl jeder normale Mensch längst vor Pein geschrien hätte.

Trotzdem ist mir nicht ganz wohl, meine Souveränität wird sich im Ho-Tschi-Minh-Pfad beweisen müssen, einem schmalen Waldweg etwa bei Kilometer 70. Dort schlagen dir die Äste ins Gesicht, mit der Taschenlampe mußt du den stockdunklen Pfad ausleuchten, trotz schmerzender Glieder allen Hindernissen ausweichen, bloß nicht stolpern, den Weg mehr ahnend als sehend. Werde ich den berüchtigten Pfad erreichen, bin ich schon so zäh wie ein Vietcong?

Doch was für die Spitzenleute das Tempo, ist für ihre langsameren Genossen die Zeit. Der durchschnittliche Läufer braucht zwischen 10 und 16 Stunden von Null auf Hundert, viele also doppelt so lange wie der Sieger. Kommt der mit der Morgendämmerung zurück nach Biel, das er abends verlassen hat, so traben die anderen noch weiter, bis die Sonne wieder hoch am Himmel steht, oder bis sie wie 1982 von einem fürchterlichen Monsunregen durchweicht sind bis auf die Knochen.

Noch keinen Meter gerannt und schon zweimal den Lauf durchlitten. So verfalle ich in träges Schweigen wie meine Umgebung. Immerhin belustigt mich manch sonderliches Bild: Viele Wanderer kontrastieren die dünnen Läufer, oft beleibt, gar die Zigarette in der Hand, Hut auf dem Haupt oder mit Unmengen Aufklebern ihrer bisherigen Taten auf dem Kittel pfauenhaft aufgeputzt, wirken sie wie eine ironische zivile Variante zu den schweizerischen Soldaten in ihren buntscheckigen Kampfanzügen. Ich marschiere in die Eishalle am Start. Dort nehmen die Vorbereitungen langsam Form an. Während einige noch eingehüllt in Decken vorab zu schlafen versuchen, nesteln andere umständlich an ihren Schuhen, schmieren und salben ihre Beine bis in alle Ecken, verpflastern präventiv Zehen und Brustwarzen gegen Blasen und Wundscheuern. Von der Empore wirkt das wie ein Heereslager kurz vor dem Aufbruch, aber immer noch gemächlich in der Geschäftigkeit, die totale Ökonomie der Bewegung, nur kein Gramm Kraft verschwenden.

NIKE

Ein sportmedizinischer Versuchslauf

Über Lautsprecher sucht Professor Klaus Jung nach Freiwilligen. Der laufende Sportmediziner von der Universität Mainz gehört schon zum Inventar von Biel, jedes Jahr untersucht er andere physiologische Aspekte der Asketen. Ich reihe mich ein, laß mir im Feldlazarett Blut abzapfen und mühe mich, ein Röhrchen mit Speichel zu füllen. Jung hat mit seinen Ergebnissen schon ein ganzes Buch über das „Phänomen 100-km-Lauf" gefüllt und ist noch immer nicht zufrieden. Diesmal ist sein Test jedoch kaum leistungsrelevant, dafür stößt er tief in eine Tabuzone: „Seit langem existiert der Verdacht, daß durch extrem lange Laufstrecken der männliche Hormonspiegel beeinflußt wird und absinkt. Also messen wir hier den Testosteron-Gehalt vor und nach dem Lauf und erhalten damit einen Hinweis."

O je, denke ich mir, ein gefundenes Fressen für den „Spiegel" oder andere Redaktionen eingefleischter Lauf-Feinde, sollte der Verdacht sich bestätigen. „Jogger können nicht mehr...", ich sehe schon die Schlagzeile prangen. Aber so einfach ist es Gott sei Dank nicht, das weiß ich aus der eigenen Praxis, natürlich beeinflussen sich Laufen und Libido, Sexualität und Motorik, sind, was Arno Plack schon wußte, zwei Brüder von einem Stamm, nähren sich aus dem gleichen Bassin psychischer Energie. Aber die interessanten Fragen stellen sich damit ja erst: Folgt aus der Hormondepression automatisch ein Abfall der sexuellen Lust, wird sie beim Laufen wegsublimiert oder ist der Läufer vielleicht umgekehrt weniger vom Trieb getrieben, kann freier damit umgehen? Wie weit und wie schnell darf man laufen? Ab 150 Kilometer in der Woche nichts mehr drin? Jener Marke also, bei der auch Frauen – im Schnitt – aufhören zu menstruieren. Fördern umgekehrt weniger Kilometer die Hormonproduktion? Und macht flottes Tempo nicht nur die Beine scharf? Lust ist stimulierbar, und weise Menschen werden sich an Fitneß wie an Sexualität berauschen, sie gegenseitig optimieren.

Die Uhr hat neun geschlagen: langsam wird es ernst, die Dämmerung taucht den lebendiger werdenden Ameisenhaufen in sanftes Licht. Das Wetter scheint gut, kühl, der Himmel bedeckt, hoffentlich wird es nicht regnen. Im Vorjahr hatten wir die heißeste Nacht des Sommers erwischt, schwitzten gottserbärmlich, während das Publikum am Rande der großen Schleife zwischen Biel und Bern die schwüle Juni-Nacht zu zahllosen Grillfesten am Rande des Spektakels nutzte. Die Schläfer werden munter, strecken sich, Übereifrige traben schon die Straße lang. Ich gehe am Ziel vorbei. Nur eine Nacht trennen uns, was ist das schon für einen schläfrigen Bürger, für uns kann es ein halbes Leben dauern. Unauffällig schmuggle ich mich an der langen Starterschlange nach vorn. Ohne die entsprechende Zeit habe ich keine Elitenummer, aber ich will vornweg starten. Im hinteren Feld tritt man sich auf die Beine und verliert Zeit schon vor der Startlinie. Neben der geht es hoch her, dichtgedrängt das Zuschauerspalier, die Prominenz standesgemäß erhöht, der Bürgermeister mit der Startpistole bewaffnet. Alle geben sich die Ehre, Biel weiß, welch Werbekraft das Rennen hat, und der Schweizer ist nun mal begeistert ob solchen Zeichens ausdauernder Manneskraft.

Aus militärischem Geist ist das Rennen denn auch geboren: Als typisch schweizerischer Waffenlauf begann die Geschichte des mythosbeladenen Bieler Hunderters vor über 30 Jahren. Standen anfangs fast ausschließlich mehr vom Willen beseelte als entsprechend trainierte Soldaten am Start, so wurde Biel schnell zum Inbegriff des Härtetests schlechthin. Da wollten die Zivilisten – wobei in der Schweiz mit ihrer eigentümlichen Variante einer „Volksbewaffnung" die Unterscheidung eh schwerfällt – nicht mehr beiseite stehen. Lange vor der Jogging-Welle war so dieser Ultralangstreckenlauf ein bedeutendes sportliches Spektakel mit nicht unbeträchtlichen Teilnehmerzahlen. Erst in den letzten zehn Jahren geriet das Rennen jedoch zur Massendemonstration. Mehr als 4000 Teilnehmer – Läufer und Wanderer – sind es in den 80er Jahren geworden.

Und der Mythos Biel blüht: Kein anderes Rennen über diese Distanz hat auch nur annähernd denselben Ruf, keines lockt mehr Starter und Zuschauer. Dabei ist die Strecke extrem schwer, die Betreuung auf der riesigen Schleife kompliziert, kein Preis erwartet die Sieger, die Organisation ist mangelhaft – kurz, Biel bleibt absichtlich unkonventionell, ein Abenteuer jenseits der längst allein von der Jagd nach Minuten und neuen Bestzeiten bestimmten Marathonstrecke, eine Solopartie durch Nacht, Wind und Wetter.

Start: Geballte Energie wird losgelassen

10 Uhr: Endlich der erlösende Startschuß. Mit einem gewaltigen Schrei aus abertausend Kehlen setzt sich der Lindwurm in Bewegung. Wie die Wilden rasen einige Sprinter der Meute voraus; sie werden es nicht lange machen, wollen nur das Bad in der Menge genießen und drehen nach einigen Kilometern erschöpft ab. Leicht und locker geht es in der Spitzengruppe dahin, welch angenehmes Tempo, nichts von der brutalen Hatz der Bahnrennen. Die Straßen von Biel fliegen vorbei: Dicht von Menschen gesäumt, die schweizerische Sportbegeisterung ist sprichwörtlich. In Tells Landen gelten Langstreckler nicht weniger als Fußballer, und das Publikum ist kompetent. Kurz vor mir trabt Helmut Urbach dahin, in Biel fast eine lebende Legende, und die Menge feiert ihn begeistert. Siebenmal hat der berühmt-berüchtigte Kölner in Biel gewonnen, jedesmal in rund sieben Stunden. Urbach ist der bekannteste Ultralangstreckler, und die Anekdoten ranken sich um ihn wie die Menge seiner zurückgelegten Kilometer.

Volksbank
Banca Popolare

Sein Bierkonsum sei gewaltig, vor und nach dem Rennen; mit Vorliebe vertilge er kurz vor dem Start eine gute Portion Schweinebraten – zum Entsetzen der ansonsten eher vegetarischen Langstreckler. Im Marathon ist Urbach mit Zeiten um 2 : 25 eher ein kleines Licht. Als Ultra dagegen schwang er jahrelang das Zepter und so verwirren seine Eskapaden immer wieder Freund und Feind. Vor genau einer Woche gewann er einen Hunderter in Italien und jetzt den nächsten drauf. Das spricht aller Trainingslehre Hohn. Aber die 100 Kilometer sind noch ein Mysterium, wer will wissen, was hier von Vorteil ist. Auch ansonsten ist Biel ein Tummelplatz der Unkonventionellen, denen in der Marathon-Szenerie alles zu glatt läuft. Da watschelte der schlohweiße alte Max Zuckrigl über die Strecke, der vom Verkauf seines prächtigen Konterfeis plus Ernährungsratschlägen des Rohköstlers lebte, da laufen Familien und halbe Firmen gemeinsam, tun sich untrainierte Journalisten die Fron an, um hinterher über ihre Leiden anschaulich berichten zu können. So wie jener Reporter der Süddeutschen Zeitung, der 22 Stunden mehr wanderte als lief und nachher das alte Klischee von der Einsamkeit des Langstreckenläufers neu auflegte. Dabei kommen während der Bieler Nacht ganze Lebensgeschichten zum Vortrag, werden Bekanntschaften unausweichlich, wenn zwei Läufer über Kilometer einen gemeinsamen Rhythmus finden. Spätestens nach der ersten Handvoll Spitzenläufer ist es aus mit Konkurrenzdenken, gemeinsam wird der Lauf verdrängt, werden Lust und Leiden anderer Rennen beschworen, Trainingspläne und Diätrichtlinien ausgetauscht. Für viele Teilnehmer sind 100 Kilometer ein geselliges Unternehmen, das manchmal nicht ausreicht, alles zu erzählen oder um – bei den Introvertierten – der eigenen Gedanken Herr zu werden.

100 Kilometer als Reise nach innen: Der Journalist und Ultra-Freund Werner Sonntag hat mit seiner Meditation ein

TVM
1072

ganzes Büchlein gefüllt und dank des Titels „Irgendwann mußt du nach Biel" den Mythos weiter geschürt.

Derweil bin ich mittendrin: Der Asphalt ist gut zu laufen und die unvergleichliche Atmosphäre am Straßenrand verleiht uns Flügel. Doch die Aufstiege und „Abfahrten" der ersten zehn Kilometer durch die Stadt sind nicht von Pappe. Kosten sie bergauf nur Kraft und Luft, so verkrampfen auf dem harten Teer bergab die Waden – Gift für gute Zeiten.

Der Stadtrand ist erreicht: die Beleuchtung wird spärlicher, die Szenerie gespenstischer. Nachts um halb elf hineinrennen in die Nacht, durch schwarzgescheckte Straßen, vorbei an schimmernden Häuserfronten und fröhlich feiernden Menschen. Die ganze Nacht ein Fest, scheint das Motto der Schweizer zu sein, nichts zu spüren von Bedächtigkeit, wir werden in all den kleinen Flecken entlang der Strecke noch Dutzende kleiner und großer Feste passieren. Und Besoffene sind dennoch selten, nichts zu hören von den dümmlichdeutschen „Anfeuerungsrufen" angesichts rennender Menschen. Allerdings haben die Bieler eine Vorliebe für Zigarren, immer wieder erwischt mich ein Schwall dicke Luft.

Raucher hin oder her, verständnislos betrachten uns die Schweizer jedenfalls nicht. Dennoch: Was denkt sich der dicke, kurzatmige, in der Abendschwüle noch schwitzende Mann, wie er uns skeptischen Blicks vorbeiziehen sieht? Lauter Verrückte? Blödsinnige Schinderei? Oder in aufrecht deutschem Denken – wie es viele Läufer selbst gern sehen: Disziplin trainieren, was uns nicht umbringt, macht uns nur härter? Oder beschränkt er sich auf „intellektuelle" Einwände? Etwa: Was soll da noch gesund sein? Auch ein löbliches Unterfangen läßt sich übertreiben, sind nicht schon im Marathon Menschen an Entkräftung gestorben? Und warum so ein Spektakel? Für die Gesundheit könnt ihr auch alleine laufen, zu Hause und weniger Kilometer. Kein Zweifel, obwohl Gesundheitsdenken, Gier nach Fitneß und die Jogging-Welle viel Bewußtseinswandel bewirkt haben, werden Langstreckenläufer oft noch scheel angesehen. Was soll ich antworten, was den Ungläubigen vordozieren? Klar, Gesundheit ist ein schlagendes Argument, Befriedigung durch Laufen obendrein, aber überzeugen wird nur die Praxis. Ich demonstriere, was ich zu leisten vermag und hoffe auf Nachahmer. Irgend etwas scheint dem Menschen in der Moderne schließlich zu fehlen: Büro, Kaffee, Autos und Frauen, Disco, Ski und Après werden schal auf die Dauer – Abenteuer sind gefragt. Und deshalb genügt der Trainingslauf nicht, wir wollen unsere Grenzen sprengen, uns maßlos verausgaben. „Marathon ist die reine Verschwendung", nenne ich es, den französischen Philosophen Georges Bataille interpretierend. Der Mensch steckt wie jedes biologische Wesen voll überschüssiger Energie, die er verausgaben, verschwenden, ableiten muß. Für Bataille war jede Rede von Energiekrise ein Geschwätz, ihm schien ein Problem, wie die überschüssige Energie zu nutzen sei. Und so ist die Motivation des Läufers weniger in Entfremdung und dem „vernünftigen" Wunsch nach natürlicher Bewegung, denn in seiner ureigenen Energie zu finden, die er einfach loswerden muß – und das möglichst lustvoll. Denn Masochisten, wie uns die Lauffeinde stereotyp zeihen, sind wir nun wirklich nicht. Wer als neuer Nomade die Anfängerschwächen überwunden hat, keucht keineswegs schwitzend und stieren Blicks durch die Gegend, sondern locker und gelöst, mit freien Augen für Natur und Landschaft und so gut bei Atem, daß Unterhaltung zum Kinderspiel wird. Die Qual in manchem Rennen ist da nur der logische Ausgleich, die masochistische Ausnahme von der vergnüglichen Regel.

So will ich auch gar nicht lang die Gesundheitsthesen des Ernst van Aaken ins Feld führen. Der Laufdoktor und Trainer war ein deutscher Vorreiter der Jogging-Bewegung und unermüdlich propagierte er die Vorzüge des langen Laufs, bis 100

Kilometer und noch darüber hinaus. Das Vielfache des Sauerstoffs, das der Läufer dabei durch den Körper schleust, sei das Wundermittel schlechthin gegen alle Zivilisationskrankheiten.

Nichts kann uns jetzt noch stoppen. Die letzten Häuser liegen hinter uns, die Taschenlampen werfen schmale Lichtkegel über Straßen und Wiesen. Zögernd nur gewöhnen sich die Augen an die Dunkelheit, beginnen die Füße instinktiv den Boden abzutasten. Viel Zeit bleibt ihnen dazu nicht, denn wir sind schnell unterwegs. Zu schnell vielleicht. Also etwas Tempo rausnehmen, ich bremse Michael ab. „Langsam Junge, wir müssen locker bleiben." Michael war mein Trainingspartner in den letzten Monaten, seit wir uns auf Biel eingeschworen hatten. Gegenseitig haben wir uns hochgepeitscht, immer noch längere Distanzen heruntergerissen. Zuletzt waren es gut 70 Kilometer: Sonntags früh um fünf los, bevor noch die Kirchgänger die Straßen bevölkerten, trabten wir hinaus durch das hügelige Allgäuer Vorland, umrundeten den gesamten Kemptener Wald, einen der letzten großen Forste des Allgäus, und kamen rechtzeitig vor dem Mittagessen wieder heim. Nach vier Stunden erst riß uns der Gesprächsfaden, bis dahin hatten wir – kein Wunder in dieser Landschaft – sämtliche aktuellen Naturprobleme durchgekaut und Michael hatte mir alle hygienischen Sünden in und um Kempten berichtet. Ohne Namen natürlich, denn das war Amtsgeheimnis, aber um so anschaulicher, bis hin zur Maus im Wirtschaftsgrill. Michael, mit 45 Lenzen 16 Jahre älter als ich, war die Zähigkeit in Person. Nur 55 Kilo schwer und als ehemaliger Bäckermeister ans frühe Aufstehen gewöhnt, trainierte er schon morgens reichlich eine Stunde, bevor wir uns dann abends trafen und an die Dreißiger gingen. 30 Kilometer war der Standard, topfit wollten wir in Biel sein, streuten noch etliche 40er ein, zweimal 50, einmal 60 und als Krönung den ganzen Vormittag, 70 Kilometer am Stück. Was sollte da noch schiefgehen, wir waren fast unempfindlich geworden gegen die Belastung. Aber auch weniger sensibel: Hatte früher ein kurzer Trab ausgereicht, mich high zu laufen, so dauerte es jetzt immer länger. Unsere Physiologie hatte sich angepaßt, der Körper war auf langsame Verbrennung geschaltet, sparsame Ökonomie ohne Einbrüche – und ohne große Spitzen. Ein bißchen abgestumpft die Maschine, aber so sollte es sein, den Körper über die Schmerzgrenze hinwegtrainiert. Dies Rezept hatte ich von Reinhold Torner entlehnt, einem alten Bekannten, der sich auf die 100 Kilometer spezialisierte und international weit nach vorne geschoben hatte. Er war im Vorjahr per Rad von Oberschwaben nach Biel angereist, in drei Tagesetappen, um die Muskeln regelrecht durchzuhärten, gefühllos zu machen. Geklappt hatte es dann doch nicht, im Rennen blieb Torner weit unter seinen Möglichkeiten. Aber das hatte einen anderen Grund: Torner hatte Krebs. Er hatte den Befund zu verdrängen versucht, wollte dem Krebs, getreu der Devise van Aakens davonlaufen, mit der täglichen Sauerstoffdusche den Feind aus dem Körper treiben. Mit Marathonläufen in extremer Hitze überwärmte er den Körper zusätzlich, betrieb eine aktive Sauerstofftherapie. Aber es half alles nichts, auch die Operation nicht. Dennoch: Wenige Wochen vor seinem Tod lief Torner noch erfolgreich bei einem Volkslauf mit, nach seiner Operation setzte er sich gar aufs Fahrrad und fuhr heim, das kurze Leben eines Langläufers endete „todfit". „Langläufer leben nicht länger, aber sterben gesünder", die ironische Verballhornung hat ihre zynische Wahrheit.

Aus mit der Meditation, aus mit der Teerstraße, hinein in die Schlammschlacht: Der Regen der letzten Tage hat die Feldwege zwischen den Äckern, die wir jetzt kilometerlang durchqueren müssen, tief eingeweicht. Das Profil der Schuhe verklebt sofort, ganze Dreckklumpen schleppen wir mit fort. Alle Ausweichmanöver helfen nicht, immer wieder tappen wir blind in Pfützen, spritzt uns die Soße bis ans Hemd hoch. Hinten muß das ja schlimm werden, wenn sich die Masse durchwalzt. Wir haben uns längst davongestohlen, halten uns unter den ersten zehn. Weder Urbach noch Vorjahressieger Steffen, nach denen ich lauerte, haben bisher aufgeschlossen. Die Zwischenzeit bei 10 Kilometer sprach dann Bände, allen Steigungen zum Trotz: 39 : 35, gut drei Minuten unter Programm. Aber schon da lag Peter Rupp vor mir, ich kannte seinen breiten Rücken vom Herbst-Marathon in Aarau, als ich lange knapp hinter ihm lief. Über die 42 km sind wir praktisch gleich stark, also soll er mich auch hier ziehen. Aber so einfach ist es nicht mit dem Hochrechnen, bald läßt uns der kräftig gebaute Rupp allein, der Neuling von Biel wird die Sensation dieser Nacht. Kein Urbach kann ihn aufhalten und die anderen Favoriten kennt er nicht mal, wozu also Angst vor ihnen haben. Überlegen wird er das Rennen gewinnen.

Himalaya-Erlebnisse in der Schweiz

Immer wieder diese Steigungen auf haltlosen Waldwegen, hinauf durch hohle Gassen. Manchmal fühlen wir uns eine halbe Stunde völlig isoliert, nichts als Bäume ringsum, kein Laut aus dem Wald, kein Vogelpfeifen. Die Stille bricht mir ins Gehirn und stört die Meditation. Abschalten bei äußeren Reizen, kilometerweit dahinträumen, das beherrsche ich perfekt, aber in dieser Leere drängt mein Innenleben hinaus, fließt über. In dieser schmerzenden Stille keimen die Grenzerlebnisse, von deren Verkauf der Bergsteiger Reinhold Messner so gut lebt. Biel ist der Mount Everest des kleinen Mannes, ein Klimmzug ins Übermenschliche, eine intensive Anstrengung, ein Rennen ins Schwarze, das die Grenzen zwischen Traum und Realität verwischt. Die Nacht herrscht in diesen Stunden, Mitternacht ist vorüber, nach unwirklich kurzen Abstechern durch kleine Orte, in denen uns das Publikum in dichten Trauben nur im Gänsemarsch durchläßt, und uns Blaskapellen den richtigen Takt zum Weiterlaufen mit auf den Weg geben, sind wir wieder eingetaucht ins Ungewisse. „Laufen, bis der Morgen graut", schrieb ich im Vorjahr, als Michael sich nach meinem Ausstieg allein auf die Socken gemacht hatte und ohne jegliches Spezialtraining den Everest in 8 : 12 Stunden bezwungen hatte. Noch ist der Morgen weit weg, mir graut derzeit vor der Entfernung bei Kilometer 30.

Begleit-Service auf Rädern

Immerhin haben wir jetzt Begleitung: Mein Bruder und meine Schwester betreuen uns vom Fahrrad. Sie sind kaum weniger erschöpft als wir, während der Schlammpartie über 10 Kilometer war's nichts mehr mit Fahren, huckepack ging es mit den Rädern weiter, dann hieß es Speichen putzen. Wir trinken Tee in kleinen Schlucken, ohne den Lauf zu unterbrechen. Heuer haben wir vorgesorgt, die Räder sind mit Proviant, Kleidern zum Umziehen und diversen anderen Kleinigkeiten bis hin zum Klopapier bepackt. Ein Hunderter verlangt eine generalstabsmäßige Planung, wer keinen Radler als Begleiter hat, postiert seine Leute unterwegs mit Tischen, auf denen alles griffbereit liegt. Manch langsamerer Läufer ist ja einen knappen Tag auf der Strecke, verliert literweise Schweiß und Gewicht, da wollen Motor und Getriebe gut versorgt sein.

Während mein Bruder ganz aufgelöst von der Rennatmosphäre ist, schüttelt die Schwester den Kopf: Für sie als Skirennläuferin in der Nationalmannschaft war schon die Querfeldein-Radtour eine harte Strapaze. Wie sich die Tausende hinter uns zu Fuß auf diese Ochsentour machen konnten, begriff sie jetzt noch weniger.

Gott sei Dank habe ich längst den Autopiloten eingeschaltet, wie von selbst spulen meine Beine dahin, momentan läuft es physisch prächtig, das innere Feuer brennt in schöner Glut, Kohlehydrate und Fette sind genug da, die Droge LSD – long, slow distance, wie die Amerikaner sagen – beginnt endlich zu wirken, treibt mir die Philosophie der Leere, die poetischen Bilder eines Baudelaire, die allenfalls den Reiz einer solchen Nacht einfangen könnten, aus dem Hirn und bringen mich in freien Schwung. Die Lust an der Bewegung setzt mich eins mit der Nacht, jene Lust, die uns alle hier treibt und die immer mehr Jünger fesselt. Ein besonderes Völkchen Ausgeflippter, deren Sehnen endlos lange Läufe sind. Ihre Droge ist mit dem Wunsch nach Gesundheit nur miserabel zu erklären, obwohl dies das einzige gesicherte Argument für das befremdliche Tun vieler einst fleißig rauchender, beleibter und den ersten Herzinfarkt erwartender Familienväter wäre. Die sturmfeste Gesundheit des Läufers, deren physiologische Auswirkungen sind eher banal, leicht zu messen über Puls und Blutdruck.

Laufen als Körper- und Seelenpflege

Manch Langstrecklerherz schlägt in Ruhe nicht öfter als vierzigmal pro Minute und läßt damit jeden braven Arzt erbleichen. Es arbeitet ökonomischer, mit vergrößertem Volumen und erhöhter Ausstoßkraft. Mehr Blut bleibt als Reserve in der Pumpe. Die Sauerstoff-Aufnahmefähigkeit der Lunge erhöht sich ebenso enorm wie die Transportkapazität der Blutkörperchen oder die Auswertung von Sauerstoff und per Nahrung zugeführter Energie im Muskel. Blutdruck und Puls sinken, in elastischer gewordenen Adern ist weniger Schub nötig. Umgekehrt nimmt das Blut mehr Zellgifte mit sich und wirft sie mit dem Schweiß ins Freie. Selbst Blei muß dran glauben in der aktiven Sauna ohne Hitze-Belastung. Inneres Feuer statt äußerem Dampf. Jede Körper-Zelle wird durchgeputzt dank der beschleunigten Zellatmung, schnellerem Abbau allen biochemischen Abfalls. Gifte wie Harnsäure werden nicht mehr in stillen Knochenwinkeln abgelagert, wo sie ihr rheumatisches Lied pfeifen, sondern unverzüglich vor die Tür gewiesen. Schneller marschiert auch der Darm, dreimal täglich rennt der Läufer aufs Klo oder im Wald hinter die Büsche. Die neue Peristaltik verjagt die alte Verstopfung.

Herzinfarkt und andere Krankheiten werden in Schach gehalten, wenn auch der lange Lauf natürlich keine Lebensversicherung ist. Wie das Schicksal Torners zeigt das ebenfalls der Herzinfarkt des amerikanischen Lauf-Autors James Fixx. Deswegen vorschnell triumphierende Miesmacher stutzte Theo Sommer, Chefredakteur der „Zeit" und passionierter Jogger, intellektuell-kühl zurecht: Fixx war als Journalist – tja – Alkohol und Zigaretten verfallen, war völlig am Boden, bevor er die Droge wechselte, sich laufend erholte und über seine Bekehrung Bestseller schrieb. Die Herzschwäche war zudem erblich, sein Vater und andere Vorfahren starben weit früher, und so konnte Hans nicht mehr retten, was Hänschen kaputt gemacht hatte.

Oder die letzte Horrormeldung: „Krebs durch Joggen". Da haben einige amerikanische Forscher ein Rudel Meerschweinchen so lange über ein Laufband gejagt, bis sich im Gewebe der Tiere freie Radikale, die mit der Krebsentstehung zu tun haben könnten, bildeten. Kunststück: Wenn ich in meinem jetzigen Tempo tagelang weiterrennen müßte, würde mich der Krebs vielleicht ebenso anfallen, vermutlich gäbe jedoch zuvor die Pumpe ihren Geist auf. Dabei würde ich als Lauffanatiker die Pein eventuell freiwillig auf mich nehmen, die armen Meerschweinchen dagegen, die auch gar nicht für solche Belastungen trainiert waren, müssen wohl mit Gewalt in Trab gehalten worden sein. Anders gesagt: Die Wissenschaftler haben mal wieder hirnlose Biologie betrieben – die Psyche vergessen. Es ist nicht egal, ob man freiwillig oder getrieben losrennt, wie man sich beim Laufen fühlt, ob man hinterher nur abgehetzt oder bis in jede Muskelfaser hinein befriedigt ist.

„Runner's high", nennen das die Amerikaner, „laufende Lust" übersetze ich. Wie der Höhenrausch der Bergsteiger und der Tiefenrausch der Taucher ist auch dieser Laufrausch, die überschäumende Euphorie, die jeden Realitätsbezug verschwinden lassen kann, bisher wissenschaftlich längst nicht restlos erklärt.

Was der Läufer ganz trivial fühlt, ist schwer zu messen, gar ursächlich zu erkennen, zumal dieser Rausch alle Intensitäten kennt, von beruhigender Zufriedenheit bis zur überschäumenden Euphorie bei stärkster Anspannung – der Entspannung trotz letzter Konzentration, dem Tao. Hier zerbricht die Realitätsschranke, jeder Schmerz scheint wie weggepustet und ungewöhnliche Leistungssteigerungen werden möglich. Das sind die Höhepunkte, die Stunden voller Langeweile, ja Unlust, wenn das Laufen zur lästigen Pflicht wird, die Phasen von „runner's low", mehr als aufwiegen.

Seit langem ist bekannt, daß Laufen Depressionen beheben kann, offenbar tief in die Psyche, in die Physiologie des Gehirns hineinregiert. Aber wie? Und läßt sich diese „emotionale Biochemie" bewußt steuern? US-Forscher registrierten zuerst einen Anstieg im Wert sogenannter β-Endorphine, vom Körper selbst produzierter, chemisch den Opiaten ähnelnden Stoffen, die gewöhnlich durch körperliche Schmerzen auf den Plan gerufen werden und diese eindämmen sollen. Also lediglich eine banale Beobachtung? Nicht ganz, denn Schmerz und Lust sind nun mal eng gekoppelt. Da ein Langstreckler die Schmerzsignale seines Körpers bewußt mißachtet, kann auch diese Steuerung außer Kontrolle geraten: Endorphin wird im Überfluß produziert, Schmerzen verschwinden, Freude kommt auf – Euphorie, Lust, Rausch.

Wissenschaftler der Universität Tübingen beschäftigten sich inzwischen intensiv mit dem Phänomen, das durch den

Laufboom mehr als akademisches Interesse erweckte und manch Professor gern am eigenen Leibe testete. In einer multidisziplinären Studie wurden beispielsweise Hirnströme während des Laufs gemessen, Hormone bestimmt, aber auch die Motivation und das Lauf-Erlebnis der Versuchspersonen hinterfragt. Das EEG registrierte im Rennen sehr langsame Schwingungen – sogenannte Theta-Wellen. Diese sind für Zustände tiefer Trance charakteristisch und waren den Wissenschaftlern früher schon bei „entrückten" Fakiren begegnet. Die befragten Läufer schilderten bereitwillig, wie sie dieses Nirwana erreichen: Sie lullen sich ein durch rhythmisches Atmen, schwelgen in Landschaftsbildern oder anderen Phantasien, murmeln stereotype Mantras vor sich hin oder „beobachten", wie ihnen das eigene Blut durch die Adern schießt und die Muskeln versorgt. Wie ich spielen viele gern mit der Phantasie vom großen Sieg: Wir biegen völlig erschöpft, aber in Rekordzeit in die olympische Zielgerade ein, lassen uns auf der Woge der Begeisterung im Stadion, vom Schreien eines entfesselten Publikums dahintragen und werden dabei unwillkürlich schneller. Oft habe ich Mühe, die dabei aus mir herausbrechenden Emotionen zu bewältigen, den nervös hochschießenden Puls zu beruhigen.

Selbsthypnose heißt also die Methode, um high zu werden: Gegen Ende eines Marathons maßen die Tübinger bis zu zehnmal höhere Endorphin-Werte als am Start – unsere Droge Laufen ist jetzt wissenschaftlich abgesichert. Freilich ist weiter unklar, was hier Ursache oder Wirkung ist: Rufen die Endorphine den Rausch hervor oder sind sie nur dessen biochemisches Abfallprodukt, Indikator eines tieferen psychologischen Phänomens? Zu komplex sind die Emotionen, als daß ein einzelner Faktor alles erklären könnte.

Gesichert ist jedoch: Laufen regt den Geist an. Im EEG enthüllte sich gegen Ende des Rennens eine ganz ungewöhnliche Aktivität in der linken Hemisphäre des Gehirns –

zuständig für Denken und Sprache. Auch das ist für uns Praktiker eher trivial: Wir reden laufend wie die Wasserfälle und lösen im Solo denkend alle Probleme – mag die Realisierung nach dem Lauf auch schwerfallen.

Endorphine wirken 50mal stärker als das verwandte Morphium – ohne Nebeneffekte. US-Forscher wollen den schmerztötenden Effekt jetzt für neue natürliche Schmerzmittel etwa gegen Krebs nützen – Reinhold Torner hätte ihnen einiges zu sagen gehabt. Glücklicherweise läßt sich biologisch effektives Endorphin bisher nicht direkt aus dem Körper gewinnen und daher auch nicht – als „Doping durch Lust" – in ihn injizieren. Zu selektiv ist die Wirkungsweise, der Kontakt zu den Nervenrezeptoren des Gehirns. Aber „1984" hat sich auch im Sport angekündigt.

Kilometer 40. Weg mit der Philosphie. Mich plagen wieder handfeste Sorgen. Es hat stetig zu nieseln begonnen. Das wäscht den Schweiß von den Schultern, aber kühlt den Körper aus. Heuer sind uns die alten Steinbrunnen vor den malerischen Schweizer Bauernhöfen nicht so wichtig, wie in der Hitze des letzten Jahres, als wir uns kopfüber hineinstürzten. Nur die Höfe erinnern uns in den dunklen Abschnitten zwischen den feiernden Dörfern an Besiedlung. Aber wie sie sich schemenhaft in die sanfte Landschaft hineinducken, von der weder Anfang noch Ende zu erkennen ist, sind sie das passende Schattenspiel der Außenwelt. Ablenkung heißt jetzt die Devise, nach der Marathon-Distanz geht es ins Ungewisse. Also an alles mögliche denken, nur nicht an das Rennen. Mal kurz den Körper durchchecken: Im Nacken fröstelt es, das nasse Hemd klebt unangenehm am Bauch, die Schultern sind leicht verkrampft, ich rolle die Arme, schüttle sie aus. Die Oberschenkel durchzieht ein Hauch von Krampf, das wird sich wieder lösen. In den Waden ein deutliches Stechen, also die Belastung wechseln, den Laufstil ändern. Ich rolle ab, trete zuerst auf der Ferse auf, statt den ganzen Druck

mit dem Ballen abzufangen. Auf den Schotterwegen zeigt sich die Sohle in ihrer kitzligen Funktion als Reflexzone: Jeder Stein sendet Signale durch den ganzen Körper. Ich atme tief durch, pumpe mich voll mit Sauerstoff, wie die Taucher vor dem Sprung ins Wasser. Auch das ein Betrugsversuch: minutenlanges tiefes Atmen kann das Bewußtsein verschleiern, man versinkt in Trance.

So wird im stetigen Trott frei improvisiert, der Körper beschwört: Manch Muskelziehen läßt sich so „zerreden", wegmeditieren, mental beeinflussen. Die Japaner beherrschen das mit fernöstlicher Einstellung perfekt. Geduldig reden sie auf ihren Körper ein, murmeln dem Muskel in steter Wiederholung zu „du bist ganz warm und locker", bis es der endlich glaubt und wirklich so tut als ob. So gut bin ich noch nicht, meine Beschwörungsversuche reichen nicht aus gegen das zunehmende Stechen in den Waden.

Weniger wäre mehr gewesen

Ich begreife nicht, was mit den Beinen los ist. Soviel trainiert und jetzt verhärten sich die Muskeln ganz zügig. Bergab rennen auf Teer, vielleicht hat uns das gefehlt. Jedenfalls verlieren wir ab 50 Kilometer stetig an Boden, Platz um Platz geht flöten. Knapp über dreieinhalb Stunden hatten wir für die Hälfte der Gesamtdistanz gebraucht, alles wäre drin gewesen. Aber wir sind fertig, Michael reißt es zudem in der Achillessehne, wir traben nur noch mechanisch weiter, wollen noch nicht an unser Scheitern glauben. Es ist sonnenklar: Wir waren übertrainiert bis über beide Ohren. Im Ziel werden wir später beschämt: Da plaudert ein frischer Peter Rupp von etwa 20 Kilometer pro Tag, allein bei seinen drei Marathon-Rennen in diesem Frühjahr habe er die 30er-Marke überschritten. Weniger ist mehr. Der Sieg in Biel war nie sein Ziel, als er jedoch nach 60 Kilometern an die zweite Stelle gerückt war, erwachte sein Ehrgeiz. Noch war der Schweizer Winkelmann, der mit einem höllischen Tempo gestartet war, sechs Minuten vor ihm. Aber der brach gnadenlos ein, wurde gar nur Zehnter, und Rupp, als Vizedirektor einer Bank auch soziologisch der Prototyp eines Langstrecklers – Beamte und Angestellte in gesicherten mittleren Positionen, mit genügend Freizeit und gestillter Karrieresucht überwiegen –, hatte zum Schluß keinen Gegner mehr außer sich selbst. „Allein in Front fühlst du dich wie auf Flügeln, da spürst du keine Müdigkeit mehr."

Der Neuling gewinnt in diesem Jahr in 6 : 59 Stunden und beginnt eine große Karriere als Ultra-Marathoner. Auch 1983 und 1984 ist er in Biel nicht zu schlagen, und er stellt mit 6 : 42 Stunden eine phantastische Bestzeit auf. Erst 1985 reißt seine Siegessträhne ab.

Alle Aufmunterung von unseren Begleitern hilft nicht mehr. Von Seitenstichen geplagt, falle ich noch hinter Michael zurück, bewundere resigniert die stetig vorbeiziehenden Routiniers, für die auch ich nur einer der Schnellstarter voller Selbstüberschätzung bin.

Die Maschine beginnt zu stottern, ein Zylinder mindestens ist schon ausgefallen. Die Härte des Untergrunds hat mir die Sohlen angezündet, die Waden sind steinhart, jeden Knochen und Muskel kann ich spüren, sie aufzählen wie im Studium. Jeder Schritt sticht, die ersten Krämpfe kündigen sich an, an meinen Zehen blühen Blasen. Die Oberschenkel werden gefühllos, lahm, zerfließen wie Pudding. Unwillkürlich leisten sie noch weiter ihren Dienst, eingeschliffen von Abertausenden stereotyper Bewegungsabläufe.

Michael schaut zurück, auch er ist sichtlich am Ende. „Das wird nichts heute", er ist grenzenlos enttäuscht. Umsonst das ungeheure Training, gescheitert am eigenen Fleiß. Endlich erreichen wir Kirchberg, eine der großen Stationen mit Feldbetten zur Massage. Selbst das wird uns nicht mehr helfen, wortlos verfallen wir gemeinsam in Schritt, lehnen uns zitternd an eine Hauswand. Wir sind nicht die ersten, drei, vier andere haben ebenfalls gekündigt, darunter auch Helmut Urbach. Mechanisch ziehen wir trockene Hemden an, keine Lust mehr zu Gesprächen, stumpf schauen wir auf die plötzlich aus der Nacht heraus ins Licht rennenden Läufer, spärlich noch tröpfeln sie daher, trinken, ziehen sich um, essen einen Happen, strecken die geschlauchten Glieder; zwei Drittel etwa sind geschafft, wer jetzt noch locker ist, wird durchkommen. Die Uhr zeigt halb drei, das Publikum wird jetzt fast nur noch von Betreuern gestellt. Ein Zuruf, und wie Schemen verschwinden die Läufer wieder im Dunkeln.

Endlich sind wir genug Aussteiger, daß sich der Abtransport lohnt. Mit Militärtransportern geht es zurück nach Biel, auf die Dachplane trommelt ein stärker werdender Regen, das fehlt denen draußen grade noch. Übernächtigt, aber frisch geduscht, kommen wir gerade recht zum Zieleinlauf von Peter Rupp. Schlag fünf Uhr ist er da und reckt kurz die Arme in den erwachenden Morgen. 2843 werden nach ihm das Ziel erreichen, doppelt oder dreimal so lange unterwegs sein. Die anderen teilen unser Schicksal, um ein Abenteuer und eine Niederlage reicher.

Zerschlagen rekapituliere ich den Sinn meines Unterfangens. Günter Herburger, ein Schriftsteller, dessen Biel-Lauf vom Fernsehen porträtiert wurde, sprach im Ziel „Das Ganze war erheblich sinnlos". Später korrigierte er sich auf „erhebend sinnlos". Das trifft. Laufen über solche Distanzen hat keinen rational erklärbaren Sinn, es ist eine irrationale Befriedigung und damit gerade ein Widerpart zu unserer durchrationalisierten Bürohockerei in der Moderne. Und es ist ein Atavismus, denn das Phänomen ist ja alles andere als neu, die berühmten Tarahumara-Indianer in den mexikanischen Bergen legen noch ganz andere Strecken zurück, über Stock und Stein, Berg und Tal, und treiben dabei eine Holzkugel vor sich her, damit es ihnen nicht langweilig wird. Der Mensch ist ein bio-logischer Nomade, Bewegung liegt ihm im Blut.

Auch wir Europäer haben unsere „Vorläufer", wie Stephan Oettermann in seiner „Kulturgeschichte des Laufsports" eine überraschende und fast unbekannte Entwicklung enthüllt: Von Botenläufern mit Eisenbeschlägen an nackten Fußsohlen, von Ausrufern und Vorläufern als herrschaftlichen Statussymbolen – sie liefen vor den Kutschen des Adels her und kündeten den jeweiligen Herrn an –, von Wettrennen zwischen diesen laufenden Proleten und vom Ende dieser Erscheinung mit Auftauchen der Sozialdemokratie, die in solchen Läuferfesten etwa im Wiener Prater nichts als eine „widerliche Menschenhetze" zu erkennen vermochte, ist da die Rede. Aus den feudalen Fesseln gelöst, sahen sich die befreiten Vorläufer, die nichts als den Lauf gelernt und zeitweise sogar in festen Zünften organisiert waren, auf den freien Markt geworfen, verdingten sich auf Jahrmärkten und in Zirkuszelten – Laufen als Kunst. Von erstaunlichen Leistungen weiß Oettermann zu berichten, wenn auch viele seiner Quellen – etwa alte Artikel aus Tageszeitungen – ihm selbst nicht immer geheuer sind.

Mensen Ernst: Vorläufer der Langstreckler

Einer aber konnte nicht schummeln, denn schneller als er war zu jener Zeit weder Pferd noch Postkutsche, und die Stationen seiner Läufe sind oft minutiös dokumentiert: Der sagenumwobene Mensen Ernst, ein Norweger, der erst auf allen Weltmeeren zu Hause war und dann sein Leben lang ruhelos durch Europa, Asien und Afrika schweifte, bevor er auf der Suche nach den Quellen des Nils an der Ruhr starb, er wäre das standesgemäße Vorbild für die Läufer von Biel. Seine Leistungen sind unerreicht und unfaßbar und machten Mensen Ernst – ein wahrer Vorläufer – zeitweise zum reichen Mann, aber auch zum hemmungslosen Trinker, der die Gewinne seiner meist auf Wetten basierenden Distanzläufe hinterher sofort umsetzte, bevor ihn seine „ganz unbezwingliche Lust zum Reisen" wieder weitertrieb. Berühmt machte ihn seine erste „große Eil-Reise von Paris nach Moskau" im Jahre 1832. Nicht weniger als 100 000 Francs werden auf oder gegen ihn gesetzt und sein eigener Lohn sollen 4000 Francs sein, falls er die Strecke in 15 Tagen zu Fuß zurücklegt. Am 11. Juni um 4 Uhr startet Mensen an der Napoleon-Säule, Gendarmen müssen ihm den Weg durch die Menschenmenge bahnen, die nicht weniger sensationshungrig scheint als heute. In seinem „leichten Sprungschritt" eilt er querfeldein, alle Wege abkürzend, „besonders aber die Städte vermeidend, weil dort immer Zeitverlust zu fürchten stand". Mensen hält sich an Rohkost, nächtigt auf freier Erde, im „mich sehr stärkenden Taue der Nacht" und vertraut auf seinen steten Begleiter – „Rumm mußte ich jedoch stets in Vorrath bei mir haben". Über Verdun, Saarbrücken, Jena, Chemnitz, Pirna, dann quer durch Galizien ging der Lauf. Von einer Beobachtungsstation des optischen Telegrafen zur anderen wurde sein Vorwärtskommen zurück nach Paris gemeldet. „Ein Betrug war nicht möglich", betont Oettermann. Nach acht Tagen ist die russische Grenze erreicht, Mensen drücken zwei Sorgen, die Wölfe und der in Rußland nur teuer erschwingliche Rum. Am 25. Juni um 10 Uhr trifft Mensen Ernst, einen Tag vor Ablauf der Zeit, in Moskau ein und ließ sich im Kreml melden. Die Russen feierten ihn stürmisch, und der große Langstreckler genoß die obligatorischen Trinkgelage. Die Eilstafette mit reitenden Boten, die von Moskau bis zum ersten optischen Telegrafen, den man in Rußland noch nicht kannte, seinen Sieg meldete, brauchte fast doppelt so lange wie Mensen zu Fuß. In gut 13 Tagen hatte Mensen 350 deutsche Meilen, 2640 Kilometer, zurückgelegt, am Tag rund 190 Kilometer. Und das ohne gute Wege, ohne Betreuer und Servicefahrzeug, allein mit seinem Kompaß, den er als Seemann gut zu nutzen wußte.

Noch extremer mutet seine „große Eil-Reise von Konstantinopel nach Kalkutta und zurück in 59 Tagen" an. Auch hier ist er schneller als jedes Schiff, seine Ankunft in Kalkutta ist belegt. In den 59 Tagen rannte er auf noch weit unwegsamerem Gebiet, durch Wüsten und über Berge, etwa 8400 Kilometer, kein Peter Rupp, auch nicht sein moderner Nachfahr Siegfried Bauer, der immerhin in sechs Tagen durch die Bundesrepublik rannte, hätte ihn begleiten können. Der gedichtete Schluß seiner Biographie endet daher auch wie mit einem Motto für den langen Lauf: „Und wer es nicht kennt, was mich rastlos trieb – / Und wer es nicht weiß, was üb'rall nur blieb / Der ahne im Menschen nur seinen Geist / der ewig und ewig weiter reist ..."

Mensen lebte vom Lauf, insofern war er schon ein Sportler, als dieser Begriff in England gerade erst entstand. Die Wettlust auf der Insel trieb nicht nur Pferde, sondern auch Menschen in die Arena. Und die Adligen waren nicht faul, stellten sich gar selbst und nahmen so dem Laufen, das in Deutschland noch als höchst ungesund galt – ein Erbe, das bis heute nicht überwunden ist –, den Ruch des Proletarischen. Vom Berufsläufer ging der Weg zum heutigen Freizeit-Jogger, nicht umgekehrt. Und irgendwie beruhigend: Geld, Sensation, Show – alles schon dagewesen. Und die Motivation ist, der fröhliche Mensen sagte es lange vor Herburger, die erhebende, unbezwingliche Lust zum „Reisen".

In zehn Jahren, so schwöre ich mir, werde ich die lange Reise von Biel nochmals unter die Beine nehmen. Mein Ausstieg will gerächt sein, und ich will wissen, was mich auf den letzten 20, 30 Kilometern noch alles erwartet, wie lange ich hinterher kaputt bin, wie schnell ich es packen kann. Ein Traum: Eine Nacht lang ganz obenauf sein.

Nachwort

Sport als Yoga

von Michael Murphy

Veränderte Bewußtseinszustände und außergewöhnliche Kräfte

Seit zwei Jahren sammle ich Geschichten über die Verbindungen zwischen Sport, Philosophie und Religion. Angeregt zu dieser Arbeit wurde ich durch die Reaktionen auf meinen Roman „Golf in the Kingdom“, in dem ich das den Geist befreiende Golfspiel und den eintägigen Aufenthalt bei Shivas Irons beschreibe, einem Philosophen und Sportler, den ich im Sommer des Jahres 1956 zufällig in Schottland traf. Als ich das Buch schrieb, war mir noch nicht klar, wie viele andere Menschen durch ähnliche Sternentore gefallen waren. Denn nur verhältnismäßig wenige Sportler verfügen über die geeignete Sprache oder Philosophie, mit der veränderte Zustände wie diese interpretiert werden können, und nur weniges davon findet Eingang in ihre Biographien oder Berichte in den Medien.

Die Anregung zur Entwicklung der nachstehenden Grundstrukturen lieferte das Material, das ich derzeit zusammentrage. Weil diese Berichte von Transzendenz in so vieler Hinsicht denen von Schamanen, Sufisten, Zen-Meistern und Yogis ähneln, habe ich Grund zu der Annahme, daß Sport für manche Menschen sozusagen eine befreiende Disziplin ist, eine Art Yoga oder *Sadhana* bei der Ausübung. Zwischen dem gewöhnlichen Sport und der klassischen Kontemplation bestehen natürlich viele Unterschiede. Ich möchte lediglich auf die überraschenden und bedeutsamen Ähnlichkeiten hinweisen.

Anderes Bewußtsein im Sport

Die nachfolgende Aufstellung von Kategorien könnte unendlich lang fortgesetzt werden, denn auch die Vielfalt mystischer Erfahrungen ist endlos; sie wird sicherlich verändert werden, wenn wir mehr Geschichten zusammengetragen haben. Jedes darin enthaltene Erlebnis birgt alle oder einige der in den anderen Kategorien beschriebenen Aspekte in sich: So gab es beispielsweise in fast jedem Fall intensive Freude oder Ekstase.

1. *Außergewöhnliche Klarheit, als würden die Tore der Wahrnehmung plötzlich aufgestoßen.*
John Brodie, Quarterback des Football-Teams der San Francisco 49er, beschrieb diesen Zustand in der Ausgabe vom Dezember 1972 des „Intellectual Digest": „In der Hitze und Aufregung des Spiels verbessern sich Wahrnehmungs- und Koordinationsvermögen eines Spielers oft dramatisch. Manchmal, und jetzt immer häufiger, erlebe ich eine Art von Klarheit, die ich in einer Football-Geschichte noch nie angemessen beschrieben las. Zum Beispiel scheint sich die Zeit machmal auf geradezu unheimliche Art und Weise so sehr zu verlangsamen, daß sich alle wie in Zeitlupe bewegen. Das ist wunderbar."

Tony Jacklin, Großbritanniens berühmter Profi-Golfspieler, beschrieb einen ähnlichen Zustand in der „Sunday Times of London" vom 4. November 1973: „Es ist nicht so, als würde man im Traum Golf spielen oder so. Ganz im Gegenteil. Wenn ich in diesem Zustand bin, ist alles rein, leuchtend klar... Ich lebe *voll und ganz* in der Gegenwart, entziehe mich ihr nicht. (Dieser Zustand) kommt und geht; und sich bei einem Turnier einfach zum ersten Tee begeben und zu sich sagen: ‚Heute muß ich mich konzentrieren', nützt gar nichts. So geht's nicht. Es muß schon vorher da sein."

Die Aussage, daß ein solcher Zustand „schon vorher da sein" muß, daß er nicht durch bloße Ermahnungen oder pure Willenskraft herbeibefohlen werden kann, ist charakteristisch für die Yoga- und mystische Literatur. Solche Zustände sind wie eine Erscheinung, wie eine Gnade. Er hätte sie etwa zehnmal in seinem Leben erfahren, sagte Jacklin im selben „Times"-Artikel.

2. *Außergewöhnlicher Scharfblick und Konzentration.*
Um noch einmal Jacklin zu zitieren: „Wenn ich mich in diesem Zustand befinde... bin ich in einem Kokon der Konzentration. Und... ich bin unschlagbar... ich bin total bei der Sache, völlig eingenommen von dem, was ich in diesem besonderen Augenblick tue." Er beschrieb einen solchen Moment während eines Turniers bei Paris, wo er „den reinsten psychischen Zustand" seines Lebens erreichte. Am vorletzten Loch des Turniers „geriet alles in den Brennpunkt. Obwohl ich bei jedem halben Zentimeter eines Schwungs meinen Golfschläger spüren konnte, war ich von Überlegungen über die verschiedenen Teile meines Spieles frei. Ich schlug einen Treibschlag über 320 m, 45 m weiter als jemals zuvor in meinem Leben." In dem Zustand machte er an diesem Loch ein Eagle, ein Birdie am nächsten, und gewann das Turnier mit einem Schlag vor Arnold Palmer.

3. *Leere. Ein Gefühl von Nichtigkeit oder Nichts.*
Ein Großteil kontemplativer Philosophie ist auf dem Erleben von Leere aufgebaut, in der das erkennende Ich der Leere weicht. Dieser Zustand wurde manchmal von Meerestauchern und Profifußballspielern beschrieben. Einmal, als ich Golf spielte, trat eine phantastische Stille ein, in der die anderen Spieler, der Golfplatz, die fernen Hügel in der Luft zu hängen schienen. Obwohl ein gewisses Gefühl für die Anstrengung zurückgeblieben war, schienen meine Aktionen von selbst zu geschehen.

4. *De-Automatisierung.*
Das Aufbrechen immerwährender Unveränderlichkeiten. Beispielsweise kann sich der Fluß der Zeit verändern. Der Rennfahrer Jackie Stewart hat dieses unheimliche Gefühl beschrieben, wenn sich in einem Rennen die Dinge zu verlangsamen scheinen und ihm Manöver gestatten, die ihm in seinem normalen Zustand unmöglich wären.

Oder: Menschen sehen mit einem Mal anders aus. David Meggyesey, Football-Spieler der St. Louis Cardinals, beschrieb ein Spiel, in dem er eine Aura um die anderen Spieler sah. Den Spielzügen seiner Gegner konnte er in einer Art präkognitiver Spieltrance zuvorkommen.

Wenn alte Gewohnheiten einmal aufgegeben werden, haben neue Kräfte die Gelegenheit, ins Spiel zu kommen.

5. *Gleichheit. Die Erkenntnis von Einklang überall.*
Ein solches Gefühl stellt sich mit größerer oder geringerer Intensität ein und mag eine Sekunde oder mehrere Tage andauern. Ich kenne einen Bergsteiger, der sich nach einer Klettertour in Nepal eine Woche lang in diesem Zustand befand, obwohl ihm mehrere Zehen abgefroren waren. Während seines Abstiegs vom Berg wurde er „von einem psychischen Feuer umhüllt, das eine Vision (meines) künftigen

Lebens mitbrachte". Anschließend fühlte er eine alles umfassende Einheit. Überall, in jedem Ding, hielt ein Dasein die Welt.

6. *Zugang zu größerer Energie.*
Manchmal scheint man in andere Bereiche gehoben zu werden, wo Kraft, Schönheit und Unbesiegbarkeit der natürliche Zustand der Dinge sind. In diesem Zustand erwacht ein neues und größeres Ich zum Leben.

Mike Spino beschreibt eine solche Erfahrung. Im Winter des Jahres 1967 trainierte er auf unbefestigter Fahrbahn und Asphalt, das Tempo gab ein Freund mit dem Wagen vor. Er hatte sich vorgenommen, sechs Meilen auf volles Tempo zu laufen, und war nach der ersten Meile erstaunt, wie mühelos ihm das gelang. Die erste Meile war er in viereinhalb Minuten gelaufen, und er spürte nur wenig Schmerzen und Anstrengung. Ihm war, als „würde er von einem enormen Schwung getragen". Die nasse Straße und das Hupen der Autos waren überhaupt kein Hindernis. Dann waren Gewicht und Widerstand aus seinem Körper gewichen. Er „begann (sich) wie ein Skelett zu fühlen, als wäre das Fleisch von den Knochen geweht worden". Er fühlte sich wie der Wind. Tagträume und Phantasien verschwanden. Der einzig negative Eindruck war ein Schuldgefühl, zu all dem fähig zu sein.

Nach dem Lauf konnte er nicht sprechen, denn „er wußte nicht, wer er war". War er „derjenige, der gelaufen war, oder war er Mike Spino"? Er setzte sich an den Rand der Straße und weinte. Die ganzen sechs Meilen, am schmutzigen Straßenrand, war er im Tempo von viereinhalb Minuten gelaufen, was nahezu nationaler Rekord war, und nun steckte er in „der Krise zu entscheiden, wer er war".

7. Verständigung / Wahrnehmung körperloser Wesen. Eine Fallschirmspringerin erzählte mir, mein Buch „Golf in the Kingdom" hätte sie an ein Erlebnis erinnert, das sie hatte, als sie sich im Fallschirm eine Stunde lang von einem thermischen Aufwind tragen ließ: Eine Gesellschaft strahlender Gestalten umtanzte sie dabei, Figuren mit menschlichen Formen, die aus nichts Körperlichem denn aus Licht bestanden. Sie sei eine vernünftige Hausfrau und Mutter, wie sie sagte, ein praktischer, erdverbundener Typ, aber seit diesem Erlebnis glaube sie an so etwas wie Engel. Man könnte ihre Vision als Halluzination abtun; die aber würde keine Erklärung für die überzeugende Qualität, Kraft und Schönheit liefern. Nie zuvor hatte die Dame ein derartiges Erlebnis gehabt, und die leuchtenden Figuren erschienen ihr völlig real.

Ihre Vision erinnert an die Erscheinung von Geistern, wie sie so oft von Menschen auf See beschrieben wird. Joshua Slocum, der erste Mensch, der allein um die Welt segelte, berichtet in seiner klassischen Erzählung über diese historische Reise von der Erscheinung des „hilfsbereiten Seemanns", der sich mit ihm stundenlang auf portugiesisch unterhielt. Diese geisterhafte Gestalt behauptete, bei der Reise des Kolumbus Steuermann auf der „Pinta" gewesen zu sein, und gab einiges von seinem Wissen an Slocum weiter. Über „hilfsbereite Seeleute" gibt es viele Berichte. Auf See wird ein solcher Geisteszustand möglicherweise durch den Entzug von Sinneseindrücken hervorgerufen. In diesem Zustand kommt die normale Wahrnehmung zum Erliegen und macht anderen Formen des Sehens Platz – seien es nun Projektionen des eigenen Geistes oder die anderer, eigenständiger Wesen.

8. *Ekstase, Entzücken, höchster ästhetischer Genuß.*
Im Sanskrit bezeichnet das Wort *ananda* die Lebensfreude, ohne die die Welt zusammenbrechen würde. Vergnügen, Freude und Ekstase, wie sie im Sport entstehen, sind das Herz des Spiels, sind die eigentliche Stütze. Jeder Sportler – ob Profi oder Amateur, talentiert oder weniger begabt –, den ich befragte, sagte mir, daß der wirkliche Antrieb die Freude sei.

Roger Bannister erzählt in seinem Buch „First Four Minutes" von einem Tag in Schottland: „Bald lief ich übers Moor zu einem weit entfernten Teil der Küste von Kintyre. Der Abend nahte, feurige Sonnenwolken jagten nach Arran hinüber. Es begann zu regnen, und die hell scheinende Sonne hinter mir warf einen Regenbogen voraus. Ich hatte, während ich lief, das Gefühl, im Regenbogen wie in einer Wiege zu liegen.

Ich spürte, wie ich zu all der naiven Freude zurücklief, die meine Saison zunichte gemacht hatte. An der Küste verlor sich der Regenbogen in den Tröpfchen des Gischt, zerbrach unter den Brechern, die gegen die Granitfelsen anschlugen... Möwen kreischten am Himmel, und gegen die Landzunge zeichnete sich eine Herde Wildziegen ab. Ich lief wieder los, der Sonne entgegen, die mir in die Augen stach. Kaum konnte ich den schlüpfrigen Fels vom heidebewachsenen Torf oder Moor unterscheiden, doch glitten meine Füße nicht aus und wurden auch nicht müde – neues Leben und Zuversicht hatte sie erfaßt. Ich rannte mit einer irrsinnigen Geschwindigkeit, von einer unsichtbaren Kraft vorangezogen. Die Sonne sank, sie setzte den Wald in Flammen und tauchte den Himmel in trüben Rauch. Dann überkam mich die Müdigkeit, und meine blutenden Füße ließen mich stolpern. Ich rollte eine mit Heide bewachsene Böschung hinab und blieb dort in glücklicher Erschöpfung liegen."

Literatur zum Thema

Roberto Assagioli: Die Schulung des Willens, Junfermann 1982

Roberto Assagioli: Handbuch der Psychosynthesis. Angewandte Transpersonale Psychologie, Aurum 1978

Moshe Feldenkrais: Bewußtheit durch Bewegung, Suhrkamp 1978

W. Timothy Gallwey: Tennis und Psyche. Das innere Spiel, Wila

Robert Hartmann: Schwarzes Gold. Auf den Spuren der afrikanischen Läufer, Spiridon

Rudi Holzberger: Laufende Lust, IDEA 1982

Al Huang: Lebensschwung durch T'ai Chi, Scherz 1979

B. K. Iyengar: Licht auf Yoga, Scherz 1983

Joel Kramer: Die Leidenschaft der Erkenntnis, Hugendubel 1981

Hugo Kükelhaus: Fassen Fühlen Bilden, Gaia 1982[3]

Hugo Kükelhaus, Rudolf zur Lippe: Entfaltung der Sinne, fischer alternativ 1982

George Leonard: Der Rhythmus des Kosmos, rororo transformation 1986

Rudolf zur Lippe: Am eigenen Leibe, Syndikat 1979[2]

Alexander Lowen: Der Verrat am Körper, rororo 1982

Reinhold Messner: Der gläserne Horizont

Michael Murphy: Golf und Psyche, Wila 1977

Stephan Oettermann: Läufer und Vorläufer, Syndikat 1984

Hilarion Petzold: Die neuen Körpertherapien, Junfermann 1977

Fred Rohé: Zen des Laufens

Anne Kent Rush: Getting Clear. Frauen finden zu sich, Frauenoffensive 1977

Satprem: Der Mensch hinter dem Menschen. Ein Mann auf der Suche nach dem letzten Geheimnis der menschlichen Existenz. Goldmann 1985

Wolfgang Schmidbauer: Im Körper zu Hause, fischer alternativ 1982

Werner Sonntag: Irgendwann mußt du nach Biel

Manfred Steffny: Lebens-Lauf

Koichi Tohei: Ki im täglichen Leben, Verlag W. Kristkeitz 1980